CONFLICTOS ARMADOS Y POBREZA

El desarrollo como vía hacia la paz

CONFLICTOS ARMADOS Y POBREZA

El desarrollo como vía hacia la paz

Isabel Tamarit

Dirección colección: Eva Quintana

Colaboradores: Carlos Galián y Marina Navarro
Coordinación producción: Elisa Sarsanedas

Diseño cubierta: Javier Valmaseda
Fotografía cubierta: OXFAM Internacional
Fotografías interiores: Fondo documental de INTERMÓN OXFAM

Mi agradecimiento a Eva Quintana, José Mª Vera, Jacobo Ocharán, Pedro Sáez, José Ángel Paniego y Alice Jay

1ª edición: octubre 2001

Roger de Llúria, 15. 08010 Barcelona
Tel (93) 482 07 00. Fax (93) 482 07 07. E-mail: intermon@intermon.org

ISBN: 84-8452-099-4
Depósito legal: B. 40.302-2001

Producción: Ediciones Octaedro
Impresión: Hurope s.l.

Impreso en España

Entidades colaboradoras: Junta de Comunidades de Castilla-La Mancha

Impreso en papel exento de cloro

ÍNDICE

1. PANORAMA GENERAL: CONCEPTO, CAUSAS Y TIPOLOGÍA DE LOS CONFLICTOS

1.1 Qué se entiende por conflicto. Panorama general de los conflictos armados en el mundo

Resultaría difícil comenzar un libro como éste sin definir previamente el concepto que más se va a repetir a lo largo de toda su lectura: el concepto de «conflicto». Sin embargo, es conveniente matizar antes algunos aspectos.

Los seres humanos, desde que nacemos, desarrollamos un constante deseo por poseer cosas, por realizar tareas o por superar barreras. Al vivir en sociedad, estos intereses se enfrentan numerosas veces con los de otros individuos. El reto consiste en resolver estas situaciones de conflicto y evitar los enfrentamientos violentos o las manifestaciones de fuerza excesiva.

La búsqueda de mecanismos para la resolución no violenta de conflictos ha contribuido a que la sociedad madure social, económica y políticamente. Se han desarrollado mecanismos institucionales con el fin de regular los contenciosos y se han producido cambios sociales que han conducido a la promoción de la justicia, la paz, el desarrollo sostenible, la democracia y los derechos humanos.

Desde esta perspectiva, el concepto «conflicto» queda desprovisto de su habitual carga negativa y se transforma en un hecho que debe conducirse con criterios cooperativos, democráticos y justos para evitar que su resolución se ejecute por el uso de la fuerza y, de esta forma, se propicie una espiral de violencia que, en nuestro contexto, pudiese derivar en un conflicto armado o en una guerra.

Si la resolución del conflicto se desarrolla con un marcado desequilibrio en la disposición y disponibilidad de los recursos y, por ello, algunas etnias, clanes, religiones, grupos nacionalistas y regionalistas comienzan a temer por su futuro e incluso por su seguridad física, comienzan a manifestarse una serie de dilemas peligrosos y difíciles de resolver que llevan implícitos un enorme potencial de violencia.

El número de conflictos violentos y destructivos en África y alrededor del mundo es más numeroso que nunca. Cada vez se destinan más recursos para la resolución de dichos conflictos y para la ayuda de emergencia y de reconstrucción, en lugar de dirigirlos hacia programas de desarrollo, aunque ésta última sea la forma de poder construir e implantar una cultura de paz a largo plazo.

Según lo anterior, se debe diferenciar entre lo que es un conflicto y la espiral de violencia que lo transforma en un conflicto violento. El conflicto armado y la guerra son conflictos que han derivado en violencia armada. El objetivo último debe ser romper esta evolución. Para eso, se debe atacar y solucionar el origen de los conflictos violentos mediante el desarrollo de mecanismos institucionales adecuados. A continuación, se definen estos términos (las definiciones varían según autores).

Definiciones

Conflicto: Situación en que dos o más instancias (personas, etnias, partidos políticos, países, etc.) se perciben como incompatibles o son catalogadas como tal por un observador externo.

Violencia explícita: Es un tipo de violencia que se ejerce de manera directa contra el cuerpo humano, entre individuos o grupos organizados.

Violencia estructural: Son los procesos generadores de violencia como la pobreza, la represión política, social o cultural o la alienación.

Conflicto armado: Las partes enfrentadas recurren a la violencia de las armas para tratar de imponer su voluntad al contrario.

Guerra: Es el estadio final y más negativo en la evolución de un conflicto armado. Se produce sólo cuando éste se agrava y se generaliza, de modo que en él toman parte los estados y sus ejércitos.

Se estima que desde el año 1500 se han producido guerras entre grandes potencias en un 60% del tiempo y en 9 ocasiones éstas han involucrado a un gran número de estados. Si ampliamos el término a conflictos armados, este porcentaje se dispara.

A continuación, se muestra en un mapamundi los conflictos armados en agosto del año 2000. Algunos de estos conflictos ya se han resuelto o están en vías de resolución, como el de Etiopía-Eritrea, paí-

Conflictos armados en agosto del 2000

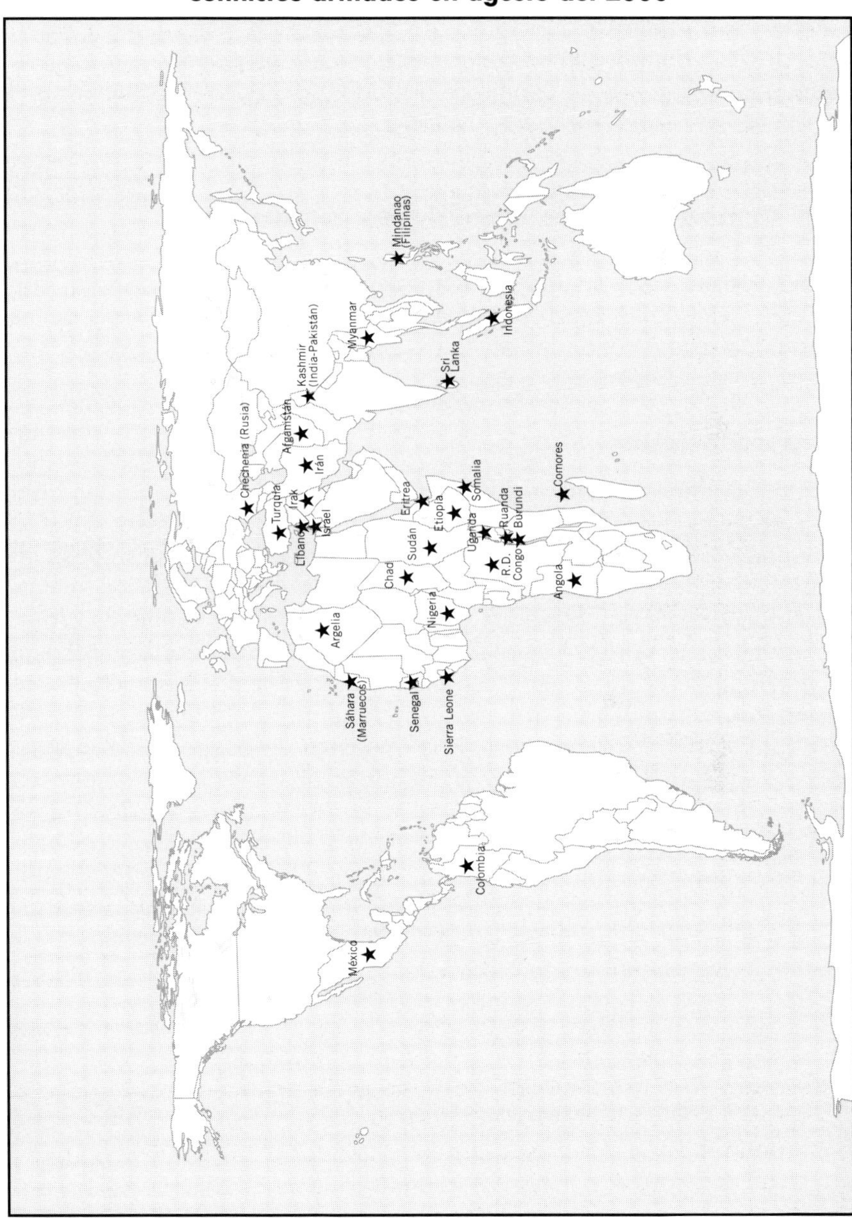

FUENTE: Reuters.

ses que firmaron la paz el 12 de diciembre del 2000. Otros desgraciadamente son nuevos y, por tanto, no aparecen en este mapa (el conflicto de Macedonia). Sin embargo, este mapa nos permite apreciar visualmente el número de conflictos armados que pueden convivir en el mundo en un mismo momento histórico.

1.2 Causas de los conflictos armados

Las causas que pueden desembocar en conflictos armados son variadas y variada es también la clasificación que se puede hacer de las mismas. La que a continuación se expone establece nueve categorías.[1]

Las percepciones

El documento fundacional de la UNESCO manifiesta que «las guerras comienzan en las mentes de los hombres«. Con esta frase, se refiere a uno de los principales orígenes de los conflictos: el que se basa en las percepciones humanas.

El individuo es una pieza clave en la gestión de los conflictos armados; en él recae la responsabilidad y la capacidad de cortar la espiral de violencia en la que puede degenerar un conflicto. La sociedad que se enfrenta en conflictos armados se compone de la suma de individuos que se debaten entre impulsos opuestos de cooperación y agresión. La educación en valores y el desarrollo de una «cultura de paz» en nuestros niños y jóvenes contribuirá a construir una sociedad futura más preparada para evitar la eclosión de la violencia. Los juguetes bélicos, las películas y dibujos animados violentos o los estereotipos tradicionales que educan a los muchachos en la competitividad y la agresividad e inducen a las niñas a una actitud pasiva y secundaria son aspectos que contribuyen a desarrollar la agresividad y belicosidad del individuo desde la misma infancia.

1. En este epígrafe se expone la clasificación elaborada por el investigador Pedro Sáez (*Las claves de los conflictos*, Centro de Investigación para la Paz (CIP) de la Fundación Hogar del Empleado, Madrid, 1997), reproduciendo en ocasiones textualmente, y de cualquier manera de forma reducida, el contenido de cada causa. Pedro Sáez es profesor educador de secundaria en el IES Juan Gris además de investigador del CIP-FUHEM.

El territorio

En el pasado, gran parte de las guerras tenían como motivación fundamental la conquista de territorios, ya fuera para el afianzamiento del poder de un señor feudal o para extender un imperio colonial. En la actualidad este tipo de conflicto es menos frecuente, debido en parte al desarrollo del derecho internacional y a la creación de instancias jurídicas que regulan los conflictos territoriales, como las Naciones Unidas y el Tribunal Internacional de Justicia. Aun así, el factor geográfico es todavía un elemento importante para poder entender cómo se generan los conflictos.

El caso del continente africano es emblemático. La OUA (Organización de la Unidad Africana) aceptó en 1963 el diseño de las actuales naciones a partir del trazado caprichoso de fronteras que los antiguos colonizadores acordaron en el Congreso de Berlín de 1885. Pero la realidad es que algunos grupos étnicos se encuentran repartidos entre diferentes países, al tiempo que comunidades con diferentes realidades culturales se encuentran unidas por la existencia de unas fronteras comunes. Todo ello, dificulta sin duda la construcción de una genuina identidad nacional y perpetúa la existencia de tensiones.

La historia

Muchos dirigentes políticos, militares e intelectuales apelan a la memoria histórica de sus pueblos para deformar la imagen de sus adversarios. Con ello resucitan o incluso, en ocasiones, inventan derechos que su sociedad tuvo en antaño. Gracias a este «recuerdo» histórico que se instaura con fuerza en la sociedad a través de la educación escolar, los medios de comunicación o la fuerza de los programas políticos, se alienta el deseo por recuperar una realidad que creen que les pertenece.

Este uso y abuso de la historia como causa de los conflictos es tristemente un hecho; Yugoslavia es tan sólo un ejemplo. La mecha que prende el conflicto es variada y puede consistir en vengar una dignidad nacional agraviada, recuperar el esplendor que se tuvo cuando se era una potencia regional o intervenir en las antiguas colonias con el argumento de que se trata de compromisos adquiridos con algunas de ellas.

La economía

Muchos de los primeros conflictos violentos de los que se tiene noticia en la historia de la humanidad lo son por motivos que hoy podríamos llamar económicos, como la posesión de recursos (tierras, ganados, aguas), la apropiación de bienes y personas (esclavos, mujeres) y la satisfacción de otras necesidades de subsistencia de las sociedades.

En casi todas las guerras, existen razones económicas como causas secundarias que refuerzan los motivos primarios que las desencadenan.

Las cuestiones étnicas

Con frecuencia unos grupos humanos dominan a otros, al imponerles su idioma, su religión o sus costumbres. Se genera así un tipo de conflicto de raíces étnicas.

En muchas ocasiones, estos enfrentamientos entre diferentes grupos se deben a situaciones de desigualdad económica, de expolio de recursos naturales propios de los grupos oprimidos o de desplazamientos forzados de poblaciones fuera de sus territorios de origen y, así, las causas étnicas de los conflictos se relacionan en ocasiones con las económicas, con la lucha por los recursos y por los territorios.

La falta de democracia

El caos, la corrupción y la ausencia de mecanismos e instituciones democráticas favorecen la resolución de conflictos por medio de métodos violentos. En las sociedades donde rigen las libertades públicas, los derechos humanos y los derechos civiles, existen más posibilidades de resolver los conflictos sin el uso de la violencia.

Los sistemas democráticos disponen de salvaguardas de los derechos de los ciudadanos y, en caso de que éstos sean vulnerados, se puede recurrir a mecanismos legales para reivindicarlos.

La pobreza

La crisis económica, la desigualdad y la pobreza se encuentran a menudo entre las causas de los conflictos, especialmente cuando se trata de conflictos armados internos, guerras civiles o conflictos motivados por el control de unos recursos naturales cada vez más escasos. En sociedades caracterizadas por un reparto injusto de la riqueza, no ha sido extraño que se establecieran regímenes autoritarios y represivos, que han mantenido los privilegios económicos de la minoría y la exclusión de la mayoría mediante la militarización de la vida cotidiana, la discriminación étnica, la represión política y las violaciones de los derechos humanos. En este tipo de sociedades, existe un enorme potencial de inestabilidad y violencia que, a veces, ha llegado a desembocar en conflictos guerrilleros o guerras civiles.

Durante los años ochenta, más de cien países en desarrollo, sumidos en la crisis de la deuda, se han visto obligados a adoptar programas de ajuste estructural impuestos por las instituciones financieras internacionales. Estos programas han recortado el gasto social y los ingresos de los sectores populares y han incrementado la pobreza, la conflictividad social y la depredación del medio ambiente. Hoy muchos países del Sur son democracias con pobreza, con un gran potencial de violencia e inestabilidad y un futuro incierto.

Las cuestiones ambientales

La relación entre conflictos armados y recursos o bienes naturales esenciales para la supervivencia y el desarrollo de las sociedades es profunda. Existen tres formas de vinculación:

- Las guerras que se libran entre estados, o dentro de los estados, por acceder a recursos naturales considerados económicamente vitales;
- Los conflictos sociales que pueden derivar en violencia por efecto de la escasez de uno o varios recursos;
- El deterioro ambiental que se puede generar por efecto de los conflictos violentos.

La escasez progresiva de recursos ambientales, como el agua potable y las tierras aptas para la agricultura, puede provocar guerras o conflictos interestatales. Cuando escasean los recursos, surgen conflictos entre sectores sociales. La falta inmediata o potencial puede llevar a que un país ataque a otro para controlar sus recursos.

El militarismo y el desarme

Tradicionalmente, la seguridad se ha concebido en términos exclusivamente militares como la capacidad de un estado para disuadir o repeler una agresión externa. Los gobiernos han invocado a menudo la seguridad nacional para justificar el mantenimiento, la ampliación y la modernización de las fuerzas armadas y para fomentar nueva tecnología militar. También algunos países, en nombre de la seguridad, se han inmiscuido en los asuntos internos de las naciones más débiles y hasta han llevado a cabo una sistemática violación de los derechos humanos de sus propios ciudadanos.

La tabla de la página 15 se ha elaborado a partir de las causas antes enunciadas. En ella se enfrentan los factores que inciden en el desarrollo violento de un conflicto (modelo competitivo) con los ingredientes que serían necesarios para su resolución pacífica (modelo cooperativo).

1.3 Tipos de conflictos armados

En los últimos 40 años, se ha avanzado mucho en el estudio y el análisis de los conflictos violentos. La variedad de clasificaciones tipológicas es amplia y son varios los autores que a lo largo de estas últimas décadas han desarrollado una clasificación propia con un determinado criterio de ordenación. A continuación, enunciamos algunas de estas clasificaciones.

Tipos de conflictos en función de:

- **Número de víctimas**

Richardson y Wallensteen son algunos de los autores que han desarrollado esta tipología. En concreto Wallensteen, profesor de la Universidad de Uppsala (Suecia), dirige un estudio junto con la organización SIPRI (Instituto internacional de Estocolmo de Investigación por la paz) para catalogar los conflictos violentos de la década de los noventa y los clasifica en tres categorías: conflicto armado menor, conflicto intermedio y guerra.

1. El conflicto armado menor es aquél donde el número de víctimas relacionadas con los combates ocurridos durante el conflicto es inferior a 1.000 personas. En 1998, tuvieron lugar diez conflictos menores.
2. Los conflictos intermedios son los que registran más de 1.000 víctimas durante el conflicto pero menos de 1.000 en un sólo año. En 1998, se registraron trece conflictos intermedios.

Causas generadoras de conflictos

Modelo competitivo		Modelo cooperativo
CAUSAS DE TIPO PSICOLÓGICO (nivel micro)		
Falta control sobre nuestros actos; reacciones emocionales.	Control emocional	Buen control emocional. Reacciones no viscerales.
Baja preocupación por el otro. Falta de capacidad de ponerse en su lugar.	Empatía	Alta preocupación por el otro.
Tendencia a simplificar y estereotipar. Visiones deformadas y muchos prejuicios.	Prejuicio	Tendencia a evaluar de forma completa cada persona y situación. Pocos prejuicios y visión ajustada a la realidad.
Búsqueda de satisfactores.	Necesidad	Análisis de necesidades reales.
Malas habilidades para regular nuestros conflictos.	Habilidades Sociales	Alta capacidad de afrontar los conflictos.
CAUSAS DE TIPO IDEOLÓGICO (nivel macro)		
Importancia del estado/nación basado sobre todo en: – Etnia – Territorio – Historia	Agrupación social	Concepto basado más en la persona que en su etnia, o en factores históricos o territoriales. Se busca la calidad de vida de las personas.
Imposición de ideología propia, sobre todo religiosa y sociopolítica.	Defensa de la ideología	Búsqueda del diálogo entre ideologías que lleve al consenso y al convencimiento, no al sometimiento.
CAUSAS DE TIPO POLÍTICO/ECONÓMICO (nivel macro)		
Escasez de recursos que lleva a competir por ellos, generando: – Pobreza del que «pierde» – Destrucción de recursos (Degradación ambiental /falta de sostenibilidad).	Economía	La limitación de recursos se afronta con una redistribución que cubra las necesidades de todas las personas y sea sostenible.
– Violencia para controlar los recursos (militarismo, armamentismo).	Fuerza	Alcanzar solución justa para todos utilizando para ello formas alternativas al uso de la fuerza violenta.
Limitar los derechos de los demás como arma para imponerme: – Limitación de derechos democráticos. – Control de la información.	Derechos civiles	La información y la participación se ven como arma de concienciación de la persona y de defensa de la justicia.

FUENTE: José Ángel Paniego[2]

2. José Ángel Paniego es psicólogo especialista en la educación en valores.

Tipos de conflictos

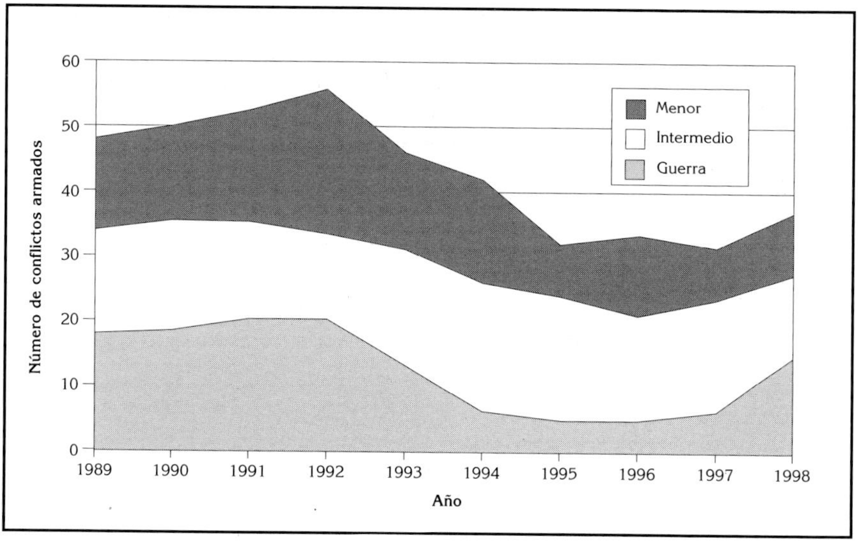

FUENTE: Universidad de Uppsala

Por último, las guerras son conflictos violentos con más de 1.000 víctimas en sólo un año. En 1998, se registraron catorce guerras.

- **Naturaleza de las partes involucradas**

Walensteen también define el conflicto armado como la incompatibilidad armada que se relaciona con el control de los gobiernos y/o de territorios y en la que se dan las siguientes condiciones:

1. Están implicadas las fuerzas armadas de una de las dos partes.
2. Una de las partes en conflicto, por lo menos, es el gobierno de un Estado.
3. El resultado es que, por lo menos, hay 25 víctimas mortales productos de los enfrentamientos.

- **Causas que los provocan.**

Rupensighe[3] clasificó los siguientes tipos de conflictos:

3. Autor del libro *The roll of non gouvernamental organizations in early warning and conflict resolutions.*

a) Conflictos ideológicos: Tienen lugar entre el estado y los movimientos insurgentes. El motivo principal es la falta de igualdad y de oportunidades entre los distintos sectores sociales del país.
b) Conflictos de gobernabilidad y autoridad: Se relaciona con la distribución del poder y de la autoridad en la sociedad. La oposición demanda cambios en la política del gobierno y en el control de los recursos.
c) Conflictos raciales.
d) Conflictos medioambientales: Por el control y el uso de los recursos escasos del país.
e) Conflictos de identidad: Debidos a diferencias étnicas, religiosas, tribales o lingüísticas. El principal objetivo de los combatientes consiste en recuperar el poder y obtener seguridad.

1.4 Elementos comunes a los conflictos armados actuales

Cada etapa histórica adolece de unas características propias que la hacen diferente de periodos anteriores. Si consideramos los conflictos que se han desarrollado a partir de la finalización de la Guerra Fría, encontramos que las crisis que los han originado adolecen habitualmente de una serie de rasgos comunes, como por ejemplo:[4]

a) **Suelen producirse en estados autoritarios** que cuentan con un abundante aparato represor que estuvo sostenido y apoyado durante la Guerra Fría por uno de los dos bloques y que ahora están abandonados a su suerte. Estos estados suelen contar con una herencia colonial perniciosa, sobre todo en lo que respecta a fronteras y etnias, con carencias económicas y de infraestructuras. Además, son estados escasamente vertebrados desde el punto de vista social y cultural. Liberia ofrece un buen ejemplo de ello, ya que este país vivió una guerra civil desde 1989 hasta agosto de 1996, fecha en la que se firmó un acuerdo de paz. El conflicto armado dejó a su paso en un país de sólo 2,5 millones de habitantes unos 160.000 muertos, 200.000 desplazados y cerca de un millón de refugiados.

4. Pedro Sáez, *Conflictos y guerras de fin de siglo*, publicado en Revista de Pastoral Juvenil, nº 349, octubre de 1997.

b) **Se suelen utilizar armas ligeras**[5] obtenidas a bajo precio desde que el mercado se inundó de ellas con el fin de la Guerra Fría. El tráfico de armas (ver capítulo 5) tiene habitualmente conexión con otras realidades, como el narcotráfico, las diversas formas de lo que se conoce como «economías de guerra» (ver capítulo 4), etc.

c) **La población civil es el objetivo estratégico por excelencia.** Los conflictos actuales suelen esconder operaciones de limpieza étnicas y, en cualquier caso, generan un gran número de desplazados fuera y dentro de las fronteras de su país (ver capítulo 3).

d) **Suele tratarse de conflictos de larga duración donde conviven puntas álgidas de enfrentamiento con periodos de menor intensidad**; los llamados «conflictos olvidados» (ver capítulo 2) son un buen ejemplo de ellos. La comunidad internacional, los medios de comunicación y la opinión pública parecen haberse «olvidado» de las dramáticas consecuencias que su desarrollo tiene en la población civil y en el futuro de estos países.

e) **Son conflictos con un elevado grado de destrucción.** Como ejemplo basta ver el efecto de las minas antipersonales, cuyos efectos destructivos se mantienen incluso una vez finalizado el conflicto. El trabajo de desminado es lento y se calcula que actualmente hay más de 100 millones de minas antipersona[6] dispersas por el planeta.

5. Se entiende por armas ligeras las armas convencionales que pueden ser transportadas por una persona o por un vehículo ligero.

6. La campaña internacional «Eliminemos las Minas Antipersona» (Premio Nobel de la Paz de 1997) supuso un importante triunfo de la sociedad civil frente a los intereses económicos de los estados productores y de las industrias armamentísticas. Los países que han ratificado el Tratado de Ottawa se han comprometido a abandonar su producción, así como a la destrucción de los arsenales de sus minas. Sin embargo, dos países –los principales productores de minas antipersona, Estados Unidos y China– todavía no se han adherido a Ottawa.

2. LOS CONFLICTOS OLVIDADOS

2.1 ¿Por qué se olvidan ciertos conflictos?

Ante una misma tragedia, la devastadora existencia de un conflicto armado o de una guerra, la comunidad internacional, los medios de comunicación y la propia opinión pública muestran un grado de preocupación diferente y se podría decir que perciben las causas, el desarrollo y las consecuencias de los mismos con distinto grado de involucración. ¿Cómo se puede explicar este hecho?

La experiencia demuestra que la resolución de un conflicto armado pasa a ocupar un papel relevante en la agenda de la comunidad internacional y, por ende, la ayuda humanitaria destinada a paliar el sufrimiento de su población se vuelve más generosa y rápida, cuando la población que sufre está geográficamente cerca de los países ricos (como en el caso yugoslavo), cuando se percibe como un riesgo para la estabilidad –económica y/o política– internacional (invasión de Kuwait por Irán) o cuando los medios de comunicación han dado la suficiente cobertura informativa (como en el caso del conflicto árabe-israelí).

Este hecho no deja de ser curioso. No se trata de minorar la atención que ciertos conflictos armados reciben en la actualidad y menos todavía de reducir la cantidad de ayuda humanitaria internacional de la que se benefician. Al contrario, lo que se demanda a las instituciones internacionales y a los donantes potenciales es que eleven el perfil y la atención de esos «otros» conflictos. La mayor parte de los llamados «conflictos olvidados» se vienen desarrollando desde hace lustros y tienen lugar mayoritariamente en el continente africano. El Sáhara, Argelia, Sudán, Somalia, Sierra Leona, Liberia, Angola o la República Democrática del Congo son sólo algunos casos, sin querer con ello olvidar conflictos asiáticos como el afgano, el kurdistaní o el indonesio, o conflictos latinoamericanos como el de Colombia.

Lo cierto es que todas las personas sin distinción tienen derecho a una vida digna (los cuatro convenios de Ginebra y sus dos protocolos consiguientes forman la base de la legislación en materia de ayuda humanitaria). Por otra parte, se debe garantizar la ayuda humanitaria necesaria a las víctimas de todos los conflictos armados, ya que el derecho a la asistencia es universal.

Las agencias de las Naciones Unidas realizan anualmente una estimación de las necesidades de las poblaciones necesitadas y solicitan a los donantes que respondan a ellas por medio de la aportación económica. Es lo que se denomina una petición consolidada y aglutina las necesidades de todas las agencias de la ONU. **En los últimos 7 años todas las peticiones consolidadas han sido sólo parcialmente financiadas con una media de respuesta del 50%**, a excepción de la crisis yugoslava y de la región de los grandes lagos de África con el genocidio de Ruanda, que recibieron una financiación más elevada. La crisis de Afganistán fue declarada en 1999 como la mayor emergencia mundial, sin embargo sólo en una ocasión durante siete años se financió el llamamiento consolidado de la ONU en más de un 50%. De igual modo, Somalia obtuvo como media un 40% de financiación en un total de cinco peticiones consolidadas.

Si se comparan cifras en términos de financiación «per cápita» la realidad resulta todavía más desoladora. La respuesta al llamamiento de 1999 para Sierra Leona supuso 16$ por persona necesitada, para la República Democrática del Congo fue de 8,40$ y para Angola de 47,49$. Frente a ellos, la antigua Yugoslavia recibió en el mismo año 207,29$ per cápita.

Son varios los motivos que deberían obligar a la comunidad internacional en su conjunto y a los donantes potenciales en particular a responder con un mismo grado de intensidad a todas las situaciones de conflicto armado. Entre ellos, se encuentran:

a) nuestra propia condición humana se rebaja cuando permitimos el sufrimiento de los demás sin tomar medidas que permitan impedirlo o, al menos, mitigarlo,
b) los 185 países que han firmado y ratificado las Convenciones de Ginebra han aceptado y asumido la responsabilidad legal de proteger y asistir a toda persona que lo necesite,
c) es de interés general tener un mundo en paz, estable y sin desequilibrios importantes que puedan desestabilizar nuestro propio entorno –a través de los refugiados, del narcotráfico, de mayores gastos en ayuda humanitaria etc.–.

A continuación, vamos a ver dos casos concretos de «conflictos olvidados», Angola y Sudán viven una guerra civil desde hace décadas que están absolutamente al margen de los medios de comunicación o del interés internacional.

2.2 Angola: la desgracia de ser un país rico

Angola vive una de las más largas, devastadoras y desconocidas guerras civiles de las que tienen lugar en el continente africano. Comenzó antes incluso de su independencia de Portugal en 1975 y durante los años de la Guerra Fría estuvo alimentada por los intereses partidistas de las grandes superpotencias. El Movimiento para la Liberación de Angola (Movimiento para a Libertacão Total de Angola, MPLA), partido que ganó las elecciones en 1992, y la Unión Nacional para la Independencia Total de Angola (União Nacional para la Independencîa Total de Angola, UNITA) se enfrentan en la actualidad por motivos alejados ya de los puramente políticos **y la continuidad del conflicto se debe buscar principalmente en intereses de tipo económico**. A lo largo de su historia, Angola ha vivido varios procesos de paz. El último fue el de 1994 con la firma del Protocolo de Lusaka, que se rompió definitivamente en 1998.

Las causas de la ruptura del Protocolo de Lusaka se deben buscar en la negativa de la UNITA en cumplir parte de las disposiciones acordadas, que consistían en finalizar la desmilitarización de sus fuerzas y devolver al gobierno todas las provincias bajo influencia de la UNITA. También radican en la incapacidad del MPLA de implantar una verdadera democracia donde el modelo multipartidista sea efectivo así como de mejorar las condiciones de vida de la población angoleña, como demuestra el hecho de no haber invertido más que un exiguo 0,5 de los presupuestos nacionales del 94 al 97 para financiar el proceso de paz.

El Proceso de Lusaka exigía, entre otras disposiciones, el cese del fuego armado, la integración de los mandos de la UNITA en las fuerzas armadas gubernamentales, la desmovilización bajo supervisión de la ONU, la repatriación de los mercenarios, la incorporación de las tropas de la UNITA en la Policía Nacional de Angola bajo la dirección del Ministerio del Interior y la prohibición de cualquier otro cuerpo u organización de policía o de vigilancia. En realidad todas ellas fueron violadas e incumplidas al menos parcialmente a lo largo del proceso. El despliegue del personal de la ONU que debía vigilar el cumplimiento del proceso de paz se retrasó considerablemente; de hecho la Misión de Observadores de las Naciones Unidas en Angola (MONUA) ha recibido numerosas críticas sobre su gestión y poca diligencia a la hora de perseguir y hacer públicas las constantes violaciones del acuerdo que ambas partes cometían.

La UNITA financió su rearme gracias a la venta de los diamantes de las zonas que controlaba. El MPLA por su parte compró grandes cargamentos de armas durante el proceso de Lusaka con los beneficios poco transparentes generados por el petróleo. Por otra parte, Rusia, uno de los tres países observadores de la Troica que debía vigilar el cumplimiento del proceso de paz, vendió armas al gobierno angoleño y Portugal, miembro también de la Troica, realizó acuerdos militares con el MPLA durante la vigencia del proceso de paz. Estas acciones, si bien no se pueden considerar como ilegales, contribuyeron de manera indudable a minar el espíritu de Lusaka y la confianza en el proceso de paz.

El propio Secretario General de las Naciones Unidas, el Sr. Kofi Annan, declaró en una entrevista concedida a IRIN[7] en febrero de 2000 con ocasión de la celebración del Consejo de Seguridad del «Mes de África», que «tanto las Naciones Unidas como la comunidad internacional deberían haber hecho más para prevenir el resurgimiento de la guerra civil en Angola hace ahora un año».

Angola es un país que, disponiendo de ricos recursos naturales, ocupa sin embargo el puesto 160 de un total de 174 países del Índice de Desarrollo Humano del PNUD (Programa de las Naciones Unidas para el Desarrollo). Sufre una situación de pobreza estructural que viene provocada, entre otras razones, por una economía ineficaz y distorsionada como consecuencia de una guerra que dura ya más de tres décadas, por un preocupante grado de corrupción instalado en casi todos los niveles de la sociedad angoleña y por una insuficiente inversión en los servicios sociales básicos y en el desarrollo humano del país.

El resurgimiento bélico tiene un efecto devastador sobre la población civil angoleña. Se estima un número de desplazados internos que ya supera los dos millones y medio de personas que carecen en su mayoría de suficientes alimentos, medicinas, viviendas y otras necesidades básicas. Angola se encuentra entre los tres países del mundo con mayor mortalidad de menores de cinco años: casi 1 de cada 3 niños muere antes de cumplir los cinco años. Los índices de malnutrición

7. IRIN; Red de Información Regional Íntegra de las Naciones Unidas.

infantil han aumentado de manera alarmante; se calcula que el 42% de los recién nacidos nace con bajo peso. El 69% de la población carece de acceso al agua potable y el 76% se ve privada de acceso a programas sanitarios. En 1997, había 2,2 médicos por cada 100.000 habitantes en la capital, Luanda, y 0,25 médicos por cada 100.000 habitantes en el resto del país. La esperanza de vida al nacer es de 47 años y la aparición de epidemias por la falta de sistemas de saneamiento constituye una amenaza omnipresente.

Los reclutamientos forzosos de personas civiles que efectúan ambas partes, los saqueos continuos que sufren las poblaciones, la limitada libertad de expresión, la falta de todo tipo de garantía legal y el casi nulo respeto a la vida humana suponen una violación continua de los Derechos Humanos de la población angoleña. El conflicto se extiende ya fuera de las fronteras del país y afecta a las vecinas Namibia y Zambia, que reciben un flujo importante de refugiados con los conflictos de carácter político y humanitario que ello origina.

Las Naciones Unidas realizan cada año una estimación de las necesidades que se deben cubrir en el país (desglosado por organizaciones solicitantes de la ONU) y realiza un llamamiento consolidado a la comunidad internacional para que contribuyan a su financiación. **Las necesidades de financiación para este año 2001 alcanzan los 202 mi-**

Índice de Desarrollo Humano de Angola

	1998	1999	2000
Índice de Desarrollo Humano (Posición)	156	160	160
Esperanza de vida (años)	47,4	46,5	47,0
Alfabetismo en adultos (mayores de 15 años) (%)	42,0	45,0	42,0
Tasa bruta de matriculación (%)	30	27	25
PIB per cápita real ($)	1.839	1.430	1.821
Gasto público en Educación (% del PIB)	–	–	–
Gasto público en Salud (% del PIB)	–	–	–
Gasto militar (% del PIB)*	6,4%	–	14,9%
Deuda Total (% del PIB)	275,00%	231,80%	297,10%
Servicio de la Deuda (% de Exportaciones)	13%	15,90%	34,40%

FUENTE: *Informe de Desarrollo Humano*, años 1998, 1999 y 2000.
* La falta de transparencia de las cuentas públicas del gobierno provocan fuertes discrepancias entre los datos oficiales y los estimados por observadores exteriores. Ver epígrafe 4.3.

llones de dólares, la experiencia acumulada en los últimos años permite aventurar que la respuesta internacional estará muy por debajo de esta cantidad. En el gráfico de barras que se muestra a continuación, se observa el grado de respuesta por agencia de las Naciones Unidas en los años 1999 y 2000.

Organizaciones solicitantes de la ONU (2001)

ORGANIZACIONES SOLICITANTES	NECESIDADES (US$)
Departamento de Asuntos Políticos	1.720.000
Organización de Alimentos y Agricultura (FAO)	3.304.435
Organización Internacional para la Inmigración	3.140.336
Oficina de Coordinación para la Asistencia Humanitaria (OCAH)	7.779.899
UNICEF	18.848.700
Programa de Desarrollo de la ONU (PNUD)	4.556.000
Alto Comisariado de la ONU para Refugiados (ACNUR)	2.472.660
Fondo de Población de las Naciones Unidas	2.499.000
Programa Mundial de Alimentos (PMA)	155.176.682
Organización Mundial de la Salud (OMS)	2.459.200
TOTAL	**201.956.912**

FUENTE: Peticiones consolidadas de las Agencias de la ONU 2001.

Necesidades revisadas de la ONU para Angola

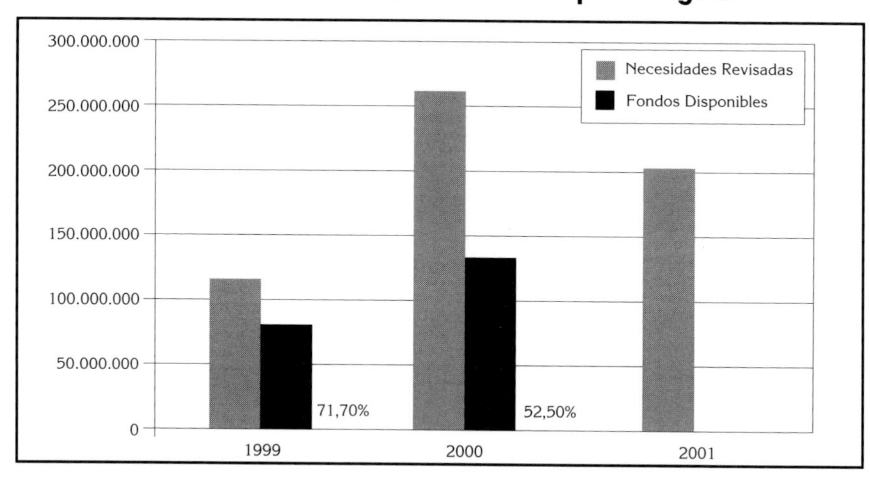

FUENTE: Peticiones consolidadas de las Agencias de la ONU, años 2000 y 2001.

En julio de 2000, la iglesia angoleña organizó por primera vez un Congreso por la Paz del país que dio como fruto un manifiesto en favor del diálogo y la paz. El 29 de octubre de 2000, UNITA dirigió al presidente Dos Santos un documento que contenía 12 propuestas de paz donde se abogaba por la celebración de nuevas negociaciones con presencia de un mediador imparcial y con la participación de la sociedad civil. El gobierno de Dos Santos condiciona el fin de la guerra al abandono de las armas por parte de la UNITA. También manifestó que se convocarían elecciones generales inmediatamente después de que se diera este abandono y ofreció una amnistía general para todos los guerrilleros que abandonasen las armas. UNITA rehusó este ofrecimiento.

Por tanto, la falta de voluntad de las partes en conflicto todavía bloquea los intentos de buscar una salida negociada y pacífica al mismo. Los recursos económicos generados por la explotación de diamantes y petróleo nutren en gran medida los esfuerzos bélicos de las partes enfrentadas y la ausencia de mecanismos de control efectivos en el comercio de estos productos aleja de la población angoleña los beneficios que tales comercios reportarían al país. Por otra parte, la «máquina de la guerra» ha generado una serie de lucrativos negocios que dificultan aún más el deseo de acabar con este largo conflicto.

2.3 Sudán: dos realidades en un sólo país

Sudán sufre desde su independencia en 1956 una guerra civil que enfrenta al Norte y al Sur del país. Sólo ha disfrutado de un periodo de paz de 10 años (entre 1972 y 1982) por la firma del tratado de Addis-Abeba, que otorgó al Sur de Sudán una autonomía respecto al Norte. En relación con los 45 de conflicto armado que lleva el país, estos diez años son claramente insuficientes para poder encauzar un proceso estable de desarrollo y dar algún tipo de esperanza a su población. **La guerra de Sudán es crónica, endémica según algunos analistas, y quizás es ésta la razón de su escasa repercusión y del olvido internacional al que se ve sometida.**

En estos conflictos de tan larga duración, las causas originales del enfrentamiento han desaparecido o se han transformado por la superposición de otras. Se menciona y subrayan los factores religiosos, étnicos o culturales para explicar un conflicto que lleva enfrentando al Norte árabe y musulmán con el Sur cristiano y animista desde hace más de cuatro décadas. Sin embargo ya desde el comienzo del conflicto hubo una lucha por garantizar la equidad e igualdad de oportunidades entre las dos zonas geográficas. El Sur ha visto siempre amenazado su propio desarrollo económico además de su libertad religiosa o cultural. Por ejemplo, la introducción de la ley islámica (Sharia) en 1989 o los planes del ex-presidente Yaafar el Numeiri de derivar parte de las aguas del Nilo hacia el Norte a través del canal de Jonglei podrían justificar esta desconfianza. De hecho, el Sur no veía que este último proyecto le beneficiase en nada, aparte de que le suponía la desecación de las tierras de pastoreo.

La guerra civil de Sudán está arruinando las posibilidades de desarrollo de este país rico en petróleo y minería que, además, cuenta con un gran potencial agrícola. **La lucha por los recursos naturales del Sur se perfila como un factor de vital importancia a la hora de entender esta guerra.** El Norte desarrolla la mayor parte de la actividad comercial y agrícola y dispone de la mayor parte de las redes de transporte ferroviario, terrestre y marítimo. El Sur es rico en recursos hídricos y petróleo y, precisamente, según muchos autores la explotación de éste último financia y también justifica la continuidad de este conflicto.[8]

La rivalidad entre las etnias del Sur –Dinkas y Nuer– aumenta la complejidad del conflicto; sin duda su enfrentamiento contribuyó al fracaso de la paz de Addis-Abeba. El gobierno de Jartum explota esta rivalidad para, de esta manera, fortalecer su causa. Las fuerzas armadas gubernamentales incluyen milicias arábicas y del Sur, así como a los «señores de la guerra» o Mujahedeen. Todos estos grupos han sido acusados de cometer atrocidades contra la población civil del Sur.

Esta guerra está causando un sufrimiento y un daño irreparable en la población sudanesa, no sólo por el uso de las armas de fuego sino también –y sobre todo– por la política de destrucción del medio de vida que el gobierno sudanés (al que se ha acusado repetidamente de violar los derechos humanos) lleva a cabo contra la población del Sur. Se practican como estrategia las deportaciones masivas de la población negra a zonas inhóspitas y, en consecuencia, se la condena a veces al hambre por la falta de recursos con los que abastecerse. Al mismo tiempo, el gobierno de Sudán recoloniza los territorios fértiles con población de origen árabe. El gobierno de Jartum practica además la esclavitud, saquea poblados del Sur y secuestra a sus mujeres y niños, a los que adoctrina militar y religiosamente. Se calcula que, sólo en los

8. Ver epígrafe 4.3.

últimos 18 años, esta guerra ha ocasionado aproximadamente dos millones de muertos y cuatro millones de desplazados.[9]

El descubrimiento de nuevas bolsas de petróleo en el país provoca un desplazamiento de la política de «tierra quemada» desde la parte occidental de la rica región del Alto Nilo hacia las nuevas concesiones de petróleo del Sur. Los ingresos percibidos por el petróleo han permitido, según un informe del FMI*, duplicar en dos años los gastos militares del gobierno de Sudán. Organizaciones civiles y la oposición al gobierno denuncian la escasa inversión de los nuevos ingresos estatales en el desarrollo del Sur.

Índice de Desarrollo Humano de Sudán

	1998	1999	2000
Índice de Desarrollo Humano (Posición)	157	142	143
Esperanza de vida (años)	52,5	55,0	55,4
Alfabetismo en adultos (mayores de 15 años) (%)	46,1	53,3	55,7
Tasa bruta de matriculación (%)	32	34	34
PIB per cápita real ($)	1.110	1.560	1.394
Gasto público en Educación (% del PIB)	–	–	1,4%
Gasto público en Salud (% del PIB)	–	–	–
Gasto militar (% del PIB)	4,3%	1,6%	1,0%
Deuda Total (% del PIB)	–	182,40%	182,70%
Servicio de la Deuda (% de Exportaciones)	–	9,20%	9,80%

FUENTE: Informe de Desarrollo Humano, años 1998, 1999 y 2000.

Las Naciones Unidas han realizado un llamamiento a la comunidad internacional solicitando financiación para el año 2001 por un valor de 194 millones de dólares. En el gráfico de barras, se observa el grado de respuesta de los donantes ante los llamamientos realizados por las Naciones Unidas durante los años 1998, 1999 y 2000.

9. Fuente: *The scorched earth-Oil and war in Sudan*, Christian Aid, 2000.

* IMF(2000) Sudán: *Staff Report to the Article in Consultation and Fourth Review of the First Annual Program under the Media Team Staff-Monitored Program.*

Organizaciones solicitantes

ORGANIZACIONES SOLICITANTES	NECESIDADES (US$)
Organizaciones de Alimentación y Agricultura (FAO)	2.237.228
Oficina para la Coordinación de Asuntos Humanitarios (OCAH)	8.853.000
Oficina para la Coordinación de Asuntos Humanitarios/Programa de la ONU para el Desarrollo	607.075
Centro de Naciones Unidas de Asentamientos Humanos	1.504.030
Programa de Desarrollo de la ONU (PNUD)	3.244.610
UNESCO	1.076.000
Fondo de Población de las Naciones Unidas/de Alimento	619.310
Alto Comisariado de la ONU para Refugiados (ACNUR)	9.494.774
UNICEF	47.730.000
Agencias de la ONU y ONGs	4.994.065
Programa Mundial de Alimentos (PMA)	106.470.691
Organización Mundial de la Salud (OMS)	3.567.000
ONGs	3.756.333
TOTAL	**194.154.116**

FUENTE: Peticiones consolidadas de las Agencias de la ONU 2001.

Necesidades revisadas de la ONU para Sudán

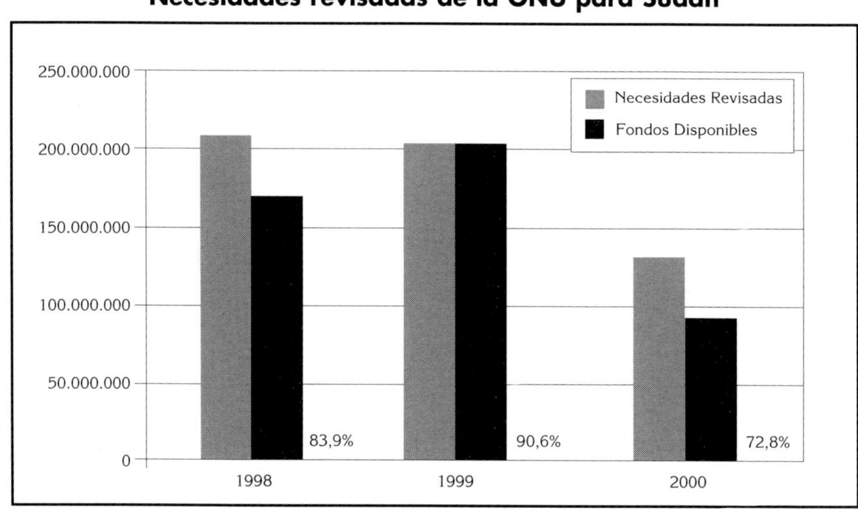

FUENTE: Peticiones consolidadas de las Agencias de la ONU, años 2000 y 2001.

Aunque el conflicto continúa, el gobierno de Sudán todavía prohibe los vuelos de ayuda humanitaria y obstruye, de esta manera, el acceso a numerosas localidades del Sur. El Comité Técnico de Ayuda Humanitaria de las Naciones Unidas ha reunido en Ginebra al gobierno de Jartum y al Ejército Popular para la Liberación de Sudán (EPLS, principal grupo guerrillero del Sur) y aborda los temas relacionados con el acceso de ayuda humanitaria y la implantación de su protocolo relacionado con la seguridad y los beneficiarios de dicha asistencia. Este Comité no espera conseguir grandes avances a parte de que Jartum renueve una vez más su compromiso de establecer los corredores de ayuda humanitaria.

Además de sufrir una guerra civil, Jartum ha mantenido fuertes tensiones con los países vecinos –Etiopía, Eritrea y Uganda–. Los EE.UU. e Israel han apoyado militarmente a estos países con el fin de acelerar el fin del gobierno de Sudán.

El gobierno iraní ha sido el tradicional gran aliado del gobierno sudanés, le ha provisto tradicionalmente de armas, de soldados y de mano de obra para acometer las grandes infraestructuras. Sin embargo, Jartum se está quedando cada vez más aislado internacionalmente. Su apoyo a Irak durante la invasión de Kuwait le alejó de gran parte de los países de la liga árabe y su apoyo a los grupos fundamentalistas de Egipto, así como el conflicto por el control de parte de la cuenca del Nilo, le ha enemistado con este país. Además, Sudán ha sido internacionalmente acusado de apoyar el terrorismo internacional y esto le enfrenta directamente con el gobierno de los EE.UU.

Existen diversas iniciativas de pacificación apadrinadas por gobiernos y agencias extranjeras, como el proceso que lleva a cabo el IGAD (Autoridad Intergubernamental en Desarrollo), el NSCC (Nuevo Concilio de Iglesias de Sudán), el plan de mediación de Eritrea o la oferta de mediación canadiense. Es esperanzador que exista este renovado interés por el «conflicto olvidado» de Sudán; quizás algunas de estas iniciativas abran finalmente las puertas a un definitivo proceso de paz. Sin embargo la multiplicidad de diferentes iniciativas y la falta de experiencia de algunos de sus «padrinos» no está exenta de peligros. La coordinación entre los distintos actores involucrados es esencial. Si se tiene en cuenta la escasez de los fondos que se destinan a la crisis de Sudán, sería aconsejable que los donantes no los distribuyesen en pequeñas cantidades en iniciativas tan diversas.

Mientras todavía se cuestiona la paz, la población civil sudanesa (especialmente la del Sur) es víctima de este miserable conflicto. La falta de inversión en servicios sociales básicos, especialmente los sanitarios y educativos, minoran las posibilidades de que las generaciones futuras salgan de su miseria.

3. LA POBLACIÓN CIVIL: PRINCIPAL VÍCTIMA DE LOS CONFLICTOS ARMADOS

3.1 Panorama general

Se estima que **los conflictos armados de la última década han arrojado entre un 65% y un 90% de víctimas civiles**; este sector de la población se ha convertido así en el principal damnificado de las contiendas actuales. A esta realidad se unen dos datos relevantes:

1) **La mayor parte de los conflictos armados actuales tienen lugar en países con un bajo desarrollo humano.** Según algunos datos, sólo el 15% de los países más desarrollados (según la clasificación del Índice de Desarrollo Humano –IDH–[10] de las Naciones Unidas), se vieron involucrados en conflictos armados en el periodo 1989-1998. Sin embargo, durante ese mismo periodo, el 41% de los países menos desarrollados estuvieron inmersos en conflictos armados.[11]
2) **Los conflictos armados tienen un impacto determinante en la asignación de los gastos del gobierno.** Los gastos militares y de defensa se disparan en detrimento de los gastos sociales; al contrario, la educación y la sanidad son partidas especialmente vulnerables.

A continuación, se ha confeccionado una tabla de los países involucrados en conflictos armados en agosto de 2000[12] donde se puede comparar su grado de desarrollo humano en relación con el gasto destinado a defensa.

10. De un total de 174 países la posición 174 indica el país con menor desarrollo humano mientras que el 1 indica el de mayor desarrollo humano.
11. Fuente: Proyecto Ploughshares: del Conrad Grebel College (Waterloo) es uno de los centros donde se realiza un seguimiento de los conflictos internacionales.
12. En la tabla no aparece Afganistán, Liberia y Somalia.

Índice de desarrollo humano de los países en conflicto armado

País	Índice de Desarrollo Humano (Posición)			Esperanza de vida (años)			Alfabetismo en adultos (mayores 15 años) (%)			Gasto público en Educación (% del PIB)			Gasto militar (% del PIB)		
	1998	**1999**	**2000**	**1998**	**1999**	**2000**	**1998**	**1999**	**2000**	**1998**	**1999**	**2000**	**1998**	**1999**	**2000**
Sierra Leona	174	174	174	34,7	37,2	37,9	31,4	33,3	31,0	-	-	-	5,9	1,8	0,8
Etiopía	169	172	171	48,7	43,3	43,4	35,5	35,4	36,3	4,7	4,0	4,0	2,0	1,8	3,8
Burundi	170	170	170	44,5	42,4	42,7	35,3	44,6	45,8	2,8	3,2	4,0	4,1	4,9	5,8
Chad	163	162	167	47,2	47,2	47,5	48,1	50,3	39,4	2,2	-	1,7	2,7	-	1,4
Ruanda	-	164	164	-	40,5	40,6	-	63	64,0	-	-	-	-	-	4,3
Guinea	167	161	162	45,5	46,5	46,9	35,9	37,9	36,0	-	-	1,9	1,9	-	-
Angola	156	160	160	47,4	46,5	47,0	42	45	42,0	-	-	-	6,4	-	14,9
Eritrea	168	167	159	50,2	50,8	51,1	25	25	51,7	-	1,8	1,8	7,5	-	13,5
Uganda	160	158	158	40,5	39,6	40,7	61,8	64	65,0	-	2,6	2,6	2,4	3,8	2,2
Senegal	158	153	155	50,3	52,3	52,7	33,1	34,6	35,5	3,6	3,5	3,7	1,7	-	1,4
R.D. Congo	143	141	152	52,4	50,8	51,2	77,3	77	58,9	-	-	-	2,8	-	-
Sudán	157	142	143	52,2	55	55,4	46,1	53,3	55,7	-	-	1,4	4,3	1,6	1,0
Comores	141	139	137	56,5	58,8	59,2	57,3	55,4	58,5	3,9	-	-	-	-	-
Pakistán	138	138	135	62,8	64,	64,4	37,8	40,9	44,0	-	3,0	2,7	5,7	5,6	4,2
India	139	132	128	61,6	62,6	62,9	52	53,5	55,7	3,5	3,4	3,2	2,8	2,5	2,1
Irak	127	125	126	58,5	62,4	63,8	58	58	53,7	-	-	-	8,3	-	-
Birmania	131	128	125	58,9	60,1	60,6	83,1	83,6	84,1	1,3	1,2	1,2	7,6	-	3,0
Indonesia	96	105	109	64	65,1	65,6	83,8	85	85,7	-	1,4	1,4	2,1	1,3	1,0
Argelia	82	109	107	68,1	68,9	69,2	61,6	60,3	65,5	-	5,2	5,1	4,0	3,4	3,9
Irán	78	95	97	68,5	69,2	69,5	69	73,3	74,6	4,0	-	4,0	5,0	2,5	3,1
Turquía	69	86	85	68,5	69	69,3	82,3	83,2	84,0	3,4	2,2	2,2	3,9	4,3	4,4
Sri Lanka	90	90	84	72,5	73,1	73,3	90,2	90,7	91,1	3,1	3,4	3,4	6,5	6,0	4,2
Líbano	66	69	82	69,3	69,9	70,1	92,4	84,4	85,1	2,0	2,5	2,5	4,4	6,3	3,2
Filipinas	98	77	77	67,4	68,3	68,6	94,6	94,6	94,8	2,2	2,2	3,4	2,0	1,6	1,4
Colombia	53	57	68	70,3	70,4	70,7	91,3	90,9	91,2	3,5	4,4	4,4	2,6	-	2,6
Rusia	72	71	62	65,5	66,6	66,7	99	99	99,5	4,1	4,1	3,5	6,5	3,7	3,2

FUENTE: Informe de Desarrollo Humano, años 1998, 1999 y 2000.

3.2 Los niños soldados[13]

Más de 300.000 niños menores de 18 años han sido reclutados bien por las fuerzas armadas gubernamentales bien por grupos de oposición armados y luchan en conflictos en más de 30 países del mundo. Si bien la mayor parte de ellos tienen entre 15 y 18 años, los hay que incluso no han cumplido los 10 años. Prestan servicios variados, como luchar en primera línea de fuego o trabajar como espías, mensajeros, cargadores, sirvientes, esclavos sexuales o incluso colocar o limpiar zonas de minas antipersonales.

África y Asia son los dos continentes donde la práctica de su reclutamiento es más común, aunque también se da en Oriente Medio, Europa o América. Los niños son más dóciles y fáciles de convertir en asesinos y carecen de capacidad para medir el riesgo, así que esto les convierte en excelentes combatientes. En África, la práctica de los niños soldados unida a la epidemia del SIDA cercena el futuro de sus nuevas generaciones y con ella la del continente.

Muchos niños son obligados por la fuerza a unirse a los grupos armados, a otros les obliga su situación de pobreza o de discriminación. Es habitual que reciban castigos físicos que pueden tornarse en muy severos cuando se les acusa de deserción o de cometer algún error, si se trata de niñas soldado deben sufrir además que se las utilice como esclavas sexuales.

Sierra Leona: el trauma de ser un niño de la guerra

Se estima que sólo en Sierra Leona hay 6.000 niños soldados, unos en activo y otros ya desmovilizados. Estos niños soldados forman parte de la RUF (Frente Revolucionario Unido); combatieron en sus filas en la brutal ofensiva sobre la capital del país, Freetown, en enero de 1999 y participaron en atrocidades tales como asesinatos o masivas amputaciones. El sistema de la RUF consiste en romper el vínculo familiar de estos niños. Para ello les drogan o emborrachan y les obligan a participar en el asesinato de sus padres u otros familiares. El caso de Sierra Leona es posiblemente el más llamativo en la utilización masiva de los niños soldados.

13. Información obtenida a través de la Coalición para acabar con la Utilización de los Niños Soldados.

Conflictos armados donde participan niños

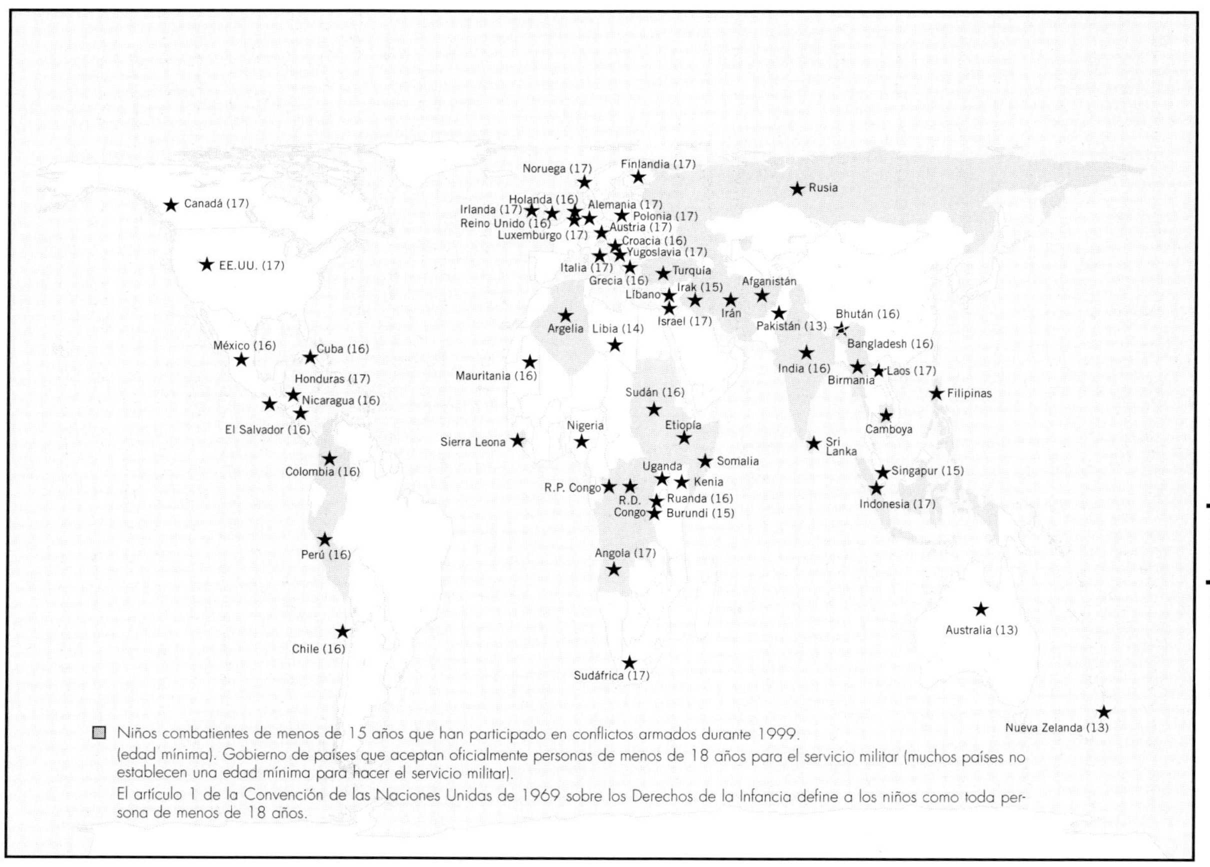

FUENTE: Proyecto Ploughshares

Misioneros Javerianos han puesto en funcionamiento un centro para la rehabilitación social y psicológica de estos niños en una población cercana a Freetown. Los niños soldados son víctimas de estos conflictos y, por eso, no deberían ser juzgados por las atrocidades cometidas, al revés, necesitan ayuda para poder rehabilitarse y reintegrarse en la sociedad recuperando su infancia perdida. Esta valoración cobra en el caso de Sierra Leona pleno sentido, si se tiene en cuenta que los líderes y jefes de la RUF (incluido Foday Sankoh, su jefe histórico) –los que raptaron a los niños, los drogaron y los obligaron a asesinar a sus familiares– fueron amnistiados por los crímenes de guerra (incluyendo la política de las manos cortadas) que cometieron antes de la firma en Togo del acuerdo de paz de 1999.

En diciembre de 2000, el Consejo de Seguridad de las Naciones Unidas aprobó una resolución en la que se recomienda limitar la responsabilidad penal de los niños soldados de Sierra Leona. Aunque no se menciona una edad concreta, se refiere a los menores de 18 años. Así la resolución de la ONU desestima la recomendación de su propio secretario general Kofi Annan, quien sugería establecer esta edad en los 15 años. Un dictamen del departamento legal de la propia ONU y la presión, entre otros de UNICEF, ha frenado esta iniciativa.[14]

Límites legales al uso de los niños en la guerra

Acabar con la práctica del reclutamiento de los niños soldados es un objetivo en sí mismo que conlleva la adecuación de la legislación internacional vigente. Según la Convención de los Derechos del Niño de 1989 «**se entiende por niño a todo ser humano menor de 18 años**», pero al mismo tiempo se establece en los 15 años la edad mínima para su reclutamiento en las fuerzas armadas y la participación en conflictos armados. Este límite se determinó al finalizar la Segunda Guerra Mundial debido principalmente a que coincidía con el final de la etapa escolar en la mayor parte de los países occidentales. Varias ONG, agencias de las Naciones Unidas y también varios estados, trataron de modificar la Convención y establecer el mínimo de edad en los 18 años y, de esta forma, trataron de hacerla más coherente con la definición de niño que en ella misma se da. Sin embargo, hubo algunos estados decididamente contrarios a su firma, entre ellos EE.UU.

14. *El País*, jueves 28 de diciembre de 2000.

Para subsanar esta deficiencia se ha redactado un Protocolo Facultativo a la Convención de los Derechos del Niño que debe ser ratificado al menos por 10 estados para que entre en vigor. Hasta la fecha (14 de marzo 2001), han firmado el Protocolo 78 países (entre ellos no se encuentran ni Angola ni Sudán) y lo han ratificado sólo tres (Sri Lanka, Canadá y Bangladesh). El protocolo establece lo siguiente:

- ❑ Prohibe a los gobiernos y a los grupos armados que usen niños menores de 18 años en hostilidades.
- ❑ Prohibe el reclutamiento forzoso de menores de 18 años de edad.
- ❑ Aumenta la edad mínima y requiere salvaguardias estrictas para el alistamiento voluntario.
- ❑ Prohibe todo tipo de reclutamiento de menores de 18 años por grupos armados.

Al ser un Protocolo Facultativo su regulación es opcional y solamente vincula a los países firmantes. La redacción del Protocolo no ha estado exenta de dificultades que han mermado la fuerza de su contenido. Por ejemplo, Estados Unidos lo ha firmado; de hecho, es la primera vez que se acepta la firma de un Estado que previamente no ha ratificado la Convención de los Derechos del Niño, pero precisamente para facilitar su adhesión se han negociado muchos términos del Protocolo que reducían la fuerza de algunos artículos. Así, inicialmente se pretendía prohibir todo tipo de participación en conflictos a los menores de 18 años, pero finalmente sólo se prohibió su participación directa en los conflictos y su reclutamiento forzoso en las fuerzas armadas. Esto permite que todavía sea legal el reclutamiento voluntario y la participación indirecta.

¿Por qué los estados se resisten a la firma del Protocolo? El Reino Unido es un buen ejemplo, su ejército profesional se nutre mayoritariamente de jóvenes soldados voluntarios menores de 18 años. Sin embargo, hay motivos para la esperanza. Cada vez son más los países que han elevado a los 18 años la edad mínima para el reclutamiento de soldados en sus fuerzas armadas. El alistamiento de soldados a las fuerzas de paz de las Naciones Unidas, los cascos azules, se ha elevado también a esta edad. Incluso varios grupos armados, que buscaban reconocimiento y legitimidad en la comunidad internacional, se han adherido a este principio.

3.3 La mujer en la guerra: dos veces víctima[15]

En tiempos de conflicto, la vulnerabilidad de la mujer se agudiza y su sufrimiento aumenta. Sin embargo este daño, que toma formas distintas al del hombre, aún genera una atención insuficiente. Asimismo su contribución a la supervivencia de la familia y de la comunidad en situaciones de conflicto permanece infravalorada.

Violencia sexual como arma de guerra

Aunque el número de mujeres combatientes aumenta en los conflictos actuales y, por lo tanto, son al igual que los hombres instigadoras de violencia, la mayoría de mujeres son realmente víctimas de la violencia de los conflictos De hecho, hay estudios que muestran que en los conflictos actuales **el índice de mortalidad de las mujeres civiles es más alto que el de los soldados combatientes en la guerra. Además de la muerte directa, el sufrimiento de la mujer toma numerosas formas.**

La forma más directa que sufre la mujer que vive un conflicto armado es la violencia y el maltrato sexual. En muchos conflictos, **las mujeres y niñas se ven forzadas a servir como esclavas sexuales**. La violación y el abuso sexual se han convertido en una estrategia de terror con el fin de hostigar al enemigo y debilitar el tejido social de las comunidades enemigas. El caso más destacado es el de Yugoslavia, donde el número de mujeres violadas se estima entre 50.000 y 80.000.[16]

Abusar de una mujer sexualmente tiene consecuencias tanto en el ámbito personal como en el ámbito familiar y comunitario. El miedo a la violación limita la movilidad de la mujer y, por lo tanto, su capacidad de mantener a la familia al no salir al mercado, a las cosechas, ni a recoger leña. En el ámbito personal, el trauma de sufrir una violación tiene graves consecuencias en términos de estrés, autoestima e identidad. A la vez, afecta seriamente su salud reproductora y provoca la propagación de enfermedades sexuales como el SIDA. En el ámbito familiar, este abuso puede destruir relaciones de respeto y generar aumento de violencia doméstica. En el ámbito comunitario, la mujer violada queda estigmatizada como deshonrada y esta estigmatización

15. Los epígrafes 3.3 y 3.4 han sido elaborados por Alice Jay, consultora en Derechos Humanos y colaboradora del Departamento de Estudios y Relaciones Institucionales de INTERMÓN OXFAM.

16. Ed Vulliamy, 'Pope warns raped women on abortion', *The Guardian*, 1 marzo 1993.

puede condenarla a un ostracismo tal que la prostitución puede llegar a resultar la única vía de supervivencia.

Trabajos forzosos

En los conflictos actuales, los grupos armados usan a mujeres y hombres civiles como correos y fuentes de recursos. Las mujeres en particular se usan para la preparación de comida o el transporte de agua. En muchos casos, esto significa firmar su sentencia de muerte cuando el grupo enemigo ve a la mujer como colaboradora del bando enemigo. En las guerras contemporáneas, no se respeta la inmunidad de los civiles en conflicto, sino que, al contrario, los civiles acaban siendo las principales víctimas de las guerras. En este contexto, el mero hecho de ser familiar de un combatiente, hablar con una persona involucrada en los enfrentamientos o ser forzado a realizar trabajos por uno de los bandos es suficiente para convertir a alguien en objetivo de guerra.

Muchas veces, las comunidades civiles son atacadas y las cosechas, rutas comerciales y casas, destruidas. En estas circunstancias, los habitantes se ven forzados a huir de sus hogares. Las Naciones Unidas estima que el 80% de los desplazados internos y refugiados son mujeres y niños.

La mujer como cabeza de familia

A lo largo de los conflictos, la mujer frecuentemente se queda sola como proveedora de la familia, porque se queda viuda, porque el hombre está combatiendo o porque ha tenido que huir sola a un campo de desplazados o refugiados. **La proporción de hogares encabezados por mujeres en los centros de refugiados y desplazados es muy alta.** La mujer debe asumir mayores cargas relacionadas con la alimentación, salud y el cuidado en general de niños y ancianos. Cuando los recursos comienzan a escasear, puede que la mujer llegue incluso a dejar de comer para mantener a su familia. Así, las muertes por inanición de mujeres aumentan. Diferentes estudios han mostrado que, al ser las mujeres las encargadas de ir a buscar la comida, a menudo se arriesgan a entrar en áreas donde puede haber minas antipersonal. En el caso de Somalia, la mayoría de los que perdieron extremidades en los campos minados, fueron mujeres o niños.

© INTERMÓN OXFAM

Esperanzas para la mujer en el conflicto armado

Hay numerosos ejemplos de iniciativas impulsadas por mujeres que lideran procesos de resolución de conflictos. En algunos países, las mujeres desempeñan una función fundamental en la mediación de conflictos y la defensa de los derechos humanos y civiles. En algunos casos, estas iniciativas han creado movimientos con resultados enormemente positivos en los procesos de paz. El año pasado, el Consejo de Seguridad de las Naciones Unidas tomó una decisión histórica cuando aprobó la resolución 1.325 «sobre la mujer y la paz y la seguridad» donde se dice que «(...) Reafirmando el importante papel que desempeñan las mujeres en la prevención y solución de los conflictos y en la consolidación de la paz, y subrayando la importancia de que participen en pie de igualdad e intervengan plenamente en todas las iniciativas encaminadas al mantenimiento y fomento de la paz y de la seguridad (...)».

Como se ha dicho anteriormente, a raíz de los conflictos las mujeres se quedan solas encargadas de las familias y comunidades y asumen en muchos casos roles económicos y sociales distintos a los que tenían antes de la guerra. En este proceso, **la identidad de la mujer se redefine y su participación activa en la comunidad tiene resultados positivos en la lucha de género.**

3.4 Refugiados y desplazados internos[17]

Una de las consecuencias más traumáticas de los conflictos violentos se produce cuando las personas se ven obligadas a abandonar sus hogares por temor a ser perseguidas. **El número de desplazados internos y refugiados[18] se ha disparado en los últimos 10 años.** ACNUR, la Agencia de las Naciones Unidas para los Refugiados, que fue creada para atender a esta población, hoy asiste a 7 millones de personas más que en 1990, principalmente como resultado de las crisis en el Norte de Iraq, la antigua Yugoslavia, Ruanda y la región africana de los Grandes Lagos. Según *The World Refugee Survey 2000 –Comité de los EE.UU. para Refugiados (USCR)–* **actualmente hay más de 14 millones**

Origen de las principales poblaciones de refugiados en 1999[19.1]

País de origen[19.2]	Principales países de asilo	Refugiados
Afganistán	Irán/Paquistán/India	2.562.000
Irak	Irán/Arabia Saudí/Siria	572.500
Burundi	Tanzania/R.D. Congo	525.700
Sierra Leona	Guinea/Liberia/Gambia/Uganda	487.200
Sudán	Etiopía/R.D. Congo/Kenia/ Rep. Centroafricana/Chad	467.700
Somalia	Etiopía/Kenia/Yemen/Djibouti	451.600
Bosnia-Herzegovina	Yugoslavia/Croacia/Eslovenia	448.700
Angola	Zambia/R.D. Congo/Congo	350.600
Eritrea	Sudán	345.600
Croacia	Yugoslavia/Bosnia-Herzegovina	340.400

FUENTE: Publicación *Refugees By Numbers* del.

17. Los epígrafes 3.3 y 3.4 han sido elaborados por Alice Jay, consultora en Derechos Humanos y colaboradora del Departamento de Estudios y Relaciones Institucionales de INTERMÓN OXFAM.

18. Ver definición de refugiado y desplazado en páginas 41 y 42.

19.1 Estas cifras no tienen en cuenta los 3,5 millones de refugiados palestinos de Israel por depender de otra agencia de la ONU, pero sí los 400.000 que se encuentran en Irak o Libia.

19.2 No se dispone de las estadísticas referidas a los refugiados de países más desarrollados, como Vietnam.

de refugiados y más de 20 millones de personas desplazadas internas en todo el mundo. Más de la mitad de los desplazados internos se encuentran en África, pero hay desplazados internos en más de 50 países del mundo. Según Oxfam, nueve millones del total de refugiados actuales provienen sólo de cinco conflictos: Ruanda, Liberia, la antigua Yugoslavia, Afganistán y Palestina.

Los derechos de los refugiados y desplazados internos

Al término de la Segunda Guerra Mundial, en 1951, se firmó la «Convención que regula los Estatutos de los Refugiados» que, junto con el protocolo de 1967, forman la base legal de los derechos de los refugiados. Desde entonces, 139 países han firmado la Convención y se han comprometido a defender los derechos de los que buscan refugio. **ACNUR reconoce como refugiado a toda persona que ha huido de su país por temor a ser perseguida** a causa de su religión, nacionalidad, etnia, creencias políticas o pertenencia a un grupo social determinado y que, a causa de un temor fundado, no quiere o no puede volver a dicho país. Con el fin de incluir a aquellas personas que habían huido de sus países por la guerra o los conflictos internos, algunos instru-

mentos regionales como la «Convención de la Organización para la Unidad Africana de 1969» y la «Declaración de Cartagena de 1984» ampliaron la definición del concepto de refugiado.

En los últimos años, ha habido un aumento del número de los llamados '**desplazados internos**' y un creciente reconocimiento de la problemática de estas **personas que tienen que huir de sus hogares pero no abandonan su país**. En 1998, el Representante del Secretario General para las personas internamente desplazadas, Sr. Francis Deng, elaboró los «Principios Rectores de los Desplazamientos Internos». Aunque no constituyen un instrumento jurídico en sí, estos principios, que se fundan en el derecho humanitario internacional, y los derechos humanos sirven como pautas prácticas para señalar los derechos de estas personas y las garantías relacionadas con su protección y asistencia.

Violencia, hambre y amenazas: principales causas de los desplazamientos

En situaciones de conflicto, hay personas que se ven forzadas a huir de sus lugares de origen por amenazas directas de violencia o como resultado indirecto del conflicto sobre ellas. En muchos conflictos, individuos, familias o comunidades enteras se ven amenazadas directamente con ataques y tienen que huir de sus casas como única opción para salvaguardar su seguridad física. En el caso más extremo de la última década, en el genocidio de Ruanda, más de 2 millones de personas fueron amenazadas y tuvieron que huir de sus casas. En otros países, el conflicto hace imposible que las personas sobrevivan en sus hogares, porque no pueden acceder a comida ni agua. Hay casos donde los grupos armados involucrados en el conflicto queman o roban las cosechas de la población civil, contaminan su agua potable u obstruyen el acceso a los mercados con violencia permanente alrededor de las aldeas.

En conflictos recientes, también se ha observado que los desplazamientos de poblaciones se usan como táctica de guerra. Los grupos armados fuerzan a comunidades enteras a desplazarse como una táctica en la lucha por el control de territorios estratégicos. Este es el caso del conflicto actual en Colombia, donde grupos paramilitares a menudo amenazan a comunidades civiles porque sospechan que colaboran con la guerrilla o simplemente porque se trata de una zona que les conviene tener bajo su control por razones militares o económico-políticas.

En estos casos, notifican a la comunidad que van a «limpiar» la zona de los «enemigos» y que tienen 24 horas para abandonar el lugar.

Protección y asistencia para refugiados y desplazados internos en momentos de emergencia

En los marcos legales descritos anteriormente, se define la forma en que los estados deben atender a los refugiados, formas tales como asilo, techo, comida y seguridad. Sin embargo, diferentes países tienen diferentes capacidades y voluntades para atender a estas poblaciones. En muchos casos, los países vecinos a los 'expulsores' son pobres y, aunque cuenten con la ayuda de los organismos internacionales, no tienen la capacidad necesaria para atender a las migraciones masivas que resultan de los conflictos. También hay muchos casos en los que los derechos de los refugiados no se reconocen correctamente, porque el país receptor no quiere asumir la responsabilidad de atender a estas poblaciones, tiene su propio conflicto armado interno o no quiere verse involucrado en los conflictos de otros países.

Según USCR (Comité para Refugiados de los EE.UU.), en 1999, más de 1,2 millones de africanos se hallaban buscando refugio en un país que también se encontraba en medio de un conflicto. Durante la última década, los conflictos de Guinea Conakry, Liberia y Sierra Leona –tres países fronterizos– han sido simultáneos y se han influido mutuamente. Para los refugiados resulta una situación muy precaria en la cual todos los países son tanto expulsores como receptores de poblaciones.

En general, los desplazados internos tienen mayores problemas para recibir atención y protección. Los instrumentos legales para protegerles y atenderles dependen de la voluntad del gobierno en lo relativo a promover su seguridad y asistencia. Muchas veces, si permanecen dentro del país en conflicto, los desplazados internos no pueden encontrar un lugar seguro. También es más difícil para las organizaciones de ayuda humanitaria tener acceso a estos grupos de población.

Sudán es el país que ha generado más refugiados y desplazados del mundo. Hay 500.000 refugiados sudaneses y 4 millones de personas desplazadas internas. En este devastador conflicto, el gobierno ha bloqueado regularmente la ayuda humanitaria a poblaciones civiles del sur del país y ha bombardeado centros humanitarios. En Sierra Leona, aparte de los 500.000 refugiados que huyeron a los países vecinos, se estima que hay un millón de desplazados dentro de sus fronteras. Con más del 70% del país inaccesible, estas poblaciones no reciben la atención humanitaria adecuada. Un caso que muestra la importancia del trabajo humanitario para estas poblaciones es el caso de los Ituris[20] en la República Democrática del Congo, donde había más de 100.000 personas desplazadas internas. En 1999, antes de que llegaran las organizaciones humanitarias a esta población desplazada, se hallaron 599 casos de cólera. Una vez que Oxfam instaló un proyecto de agua potable, los casos rápidamente disminuyeron a 13.

En otras situaciones, se han encontrado graves problemas de estigmatización porque, al ser desplazados que huyen de zonas conflictivas, son percibidos por la población que los recibe como colaboradores de un grupo armado y se les considera, en consecuencia, como «portadores de problemas». Esto hace que muchos de los desplazados prefieran no declarase como tales para evitar ser perseguidos, pero el resultado es que no reciben la debida protección ni la asistencia a la que tienen derecho. En el caso de Angola, donde se estima que hay 3,8 millones de desplazados, sólo algo menos de la mitad están registrados con las Naciones Unidas u ONG.

Retorno o reasentamiento

La mayoría de los refugiados y desplazados internos prefieren regresar a casa tan pronto como lo permiten las circunstancias. En la última década, más de 13 millones de refugiados se repatriaron. Sin embargo, cuando el refugiado o desplazado no puede o no quiere regresar a sus hogares por miedo a que pueda continuar su persecución se hace necesario encontrar una solución de reasentamiento.

Según los «Principios Rectores de los Desplazamientos Internos» de Francis Deng, **los Estados tienen la obligación de encontrar una solución sostenible para los desplazados internos, ya se trate del retorno o del reasentamiento en condiciones de seguridad y dignidad**. Esto significa ayuda en la reconstrucción de sus vidas en todos los aspectos, desde empleo, vivienda, salud y educación hasta recompensas materiales por lo que han perdido en la huida. Sin embargo, en países como Sudán y Colombia se han registrado casos de retornos forzados a zonas donde no había garantías de seguridad. Esto ha conllevado la muerte de líderes comunitarios y ha provocado nuevos desplazamientos de las comunidades.

20. Ituri es una provincia de la RDC situada al noreste del país.

En el caso de los refugiados, aunque en teoría todos los firmantes de la Convención deben recibir refugiados cuando hay una emergencia en su país de origen (llamado «protección temporal»), **pocos países tienen programas para mantener refugiados a largo plazo**. En los últimos años, se ha visto que no sólo los países vecinos se muestran reacios a cobijar refugiados. Mientras las migraciones de los países del hemisferio Sur se intensifican con el aumento de los conflictos, los países de Europa endurecen sus criterios para conceder «asilo».

4. LAS ECONOMÍAS DE GUERRA

Con el fin de la Guerra Fría, llegó también el final de la principal fuente de financiación de los conflictos armados que sufrían numerosos países, especialmente los africanos. Durante aquel periodo las dos potencias mundiales, Estados Unidos y la Unión Soviética, intentaban ampliar su ámbito de influencia y evitar la confrontación directa. Su estrategia expansionista pasaba por garantizar la existencia de países aliados entre los del Sur. Ambos países son sin duda responsables de los inicios de la guerra que aún asola Angola. Los EE.UU. financiaron durante los 15 primeros años del conflicto a la UNITA (fuerza rebelde), mientras que la URSS financiaba al MPLA (partido en el gobierno).

Tras la caída del bloque comunista los conflictos armados se encontraron de repente en «bancarrota». Se tenían que buscar nuevas fuentes de financiación y, con ellas, surgió el concepto de «economías de guerra». **Las ideas políticas y las reyertas raciales han pasado a ocupar en estos conflictos un segundo plano; los intereses económicos, la apropiación de los recursos naturales y de las fuentes de riqueza se ha convertido en una causa en sí misma que permite financiar y alimentar la continuidad de estos conflictos.** Ante el desastre y la miseria que genera la guerra y los conflictos armados emergen determinados colectivos que se benefician de este caos, como algunas compañías transnacionales, gobiernos corruptos, los llamados «señores de la guerra», algunas compañías privadas de seguridad, los traficantes de armas y una elite de la sociedad civil se suelen encontrar entre ellos.

Según un estudio realizado por el Banco Mundial,[21] los países que obtienen más del 25% de su PIB (Producto Interior Bruto) anual a través de la exportación de productos básicos sin procesar tienen cuatro veces más probabilidades de sufrir un conflicto interno que los otros que disfrutan de economías más diversificadas.

21. *Economic Causes of Civil Conflict and their Implications for Policy*, Banco Mundial, junio 2000.

La riqueza natural de algunos países africanos es inmensa. Algunas compañías transnacionales explotan sus diamantes, petróleo, oro o madera. Su contribución a este continente sin embargo no suele ir más allá de la extracción de sus recursos. Ayudan a mantener en muchos casos en el poder a gobiernos corruptos y contribuyen a mantener el clima de falta de transparencia y de ausencia de democracia que caracteriza a estos países, a cambio se benefician de la explotación y comercialización de sus recursos naturales. La explotación y comercialización de estos recursos suele revertir en cuantiosos beneficios que quedan en manos de unos pocos. **Aunque las compañías transnacionales reconocen que la población no se beneficia de su presencia, rechazan su parte de responsabilidad con el argumento de que no intervienen en la política de dichos países.**

La riqueza de países como Angola, Sierra Leona o la República Democrática del Congo se ha convertido en fuente de su propia miseria. Los intereses económicos alimentan la máquina de la guerra. Frente a estos países contrasta el caso de Mozambique. Este país estuvo en guerra civil durante 16 años y alcanzó la paz definitiva en 1992. La ausencia de intereses económicos, tanto para las partes enfrentadas como para la comunidad internacional, ayudó a que fructificase el ansiado proceso de paz.

Son varios los ejemplos que se podrían exponer de conflictos alimentados y financiados por intereses económicos. En este capítulo, nos vamos a centrar principalmente en tres ejemplos de economías de guerra a través de dos países concretos: Angola, que mantiene su conflicto gracias principalmente a la explotación de diamantes y de petróleo, y Liberia, donde los guerrilleros obtienen sus beneficios principalmente a través de la explotación de la madera, aunque también existe el comercio de diamantes y la extracción y exportación de oro y de caucho.

4.1 Diamantes de la guerra

La industria del diamante produce cada año al menos unos 115 millones de quilates de diamantes en bruto con un valor aproximado en el mercado de 6.700 millones de dólares. Al final de la cadena de producción se han convertido en 67,1 millones de piezas de diamantes para joyas con un valor de mercado cercano a los 50.000 millones de dólares. **Se estima que alrededor de un 10%-15% en valor del comer-**

cio de diamantes en bruto sirve para financiar conflictos armados (entre 670 y 1.000 millones de dólares anuales).

Doce países africanos controlan el 75% de la producción mundial de diamantes. Los beneficios que obtienen por este concepto les supone una significativa parte de su PIB anual. Botsuana, primer país productor del mundo, obtiene el 65% de sus ingresos anuales por este concepto. Namibia y Sudáfrica encuentran también en el comercio legítimo de estas piedras una parte sustancial de sus ingresos. En cambio en países como Angola, Sierra Leona o República Democrática del Congo la venta de diamantes permite financiar la venta de armas con la que mantener vivos los conflictos. Estos países ven como esta riqueza natural lejos de beneficiar al país provoca su destrucción.

Se entiende por «diamantes de la guerra» aquellos cuya extracción y comercialización está en manos de fuerzas guerrilleras enfrentadas al gobierno electo e internacionalmente reconocido. En sólo seis años (entre 1992 y 1998), el grupo guerrillero angoleño, la UNITA, obtuvo unos beneficios de aproximadamente 3.700 millones de dólares gracias a la venta de los diamantes de la guerra. En este mismo periodo de tiempo se estima que medio millón de personas perdieron su vida por causa del conflicto armado que vive Angola, y la población de este país es de tan sólo 12 millones de personas.

Diversas organizaciones no gubernamentales denuncian desde 1999 esta situación. **La ausencia de mecanismos efectivos de control y la insuficiente transparencia en el comercio de los diamantes facilita el comercio de los diamantes de la guerra.** Pero el contrabando de diamantes no beneficia únicamente a los guerrilleros. Un comerciante de Amberes (principal mercado internacional en Bélgica) comentó a un periodista: «si alguien me ofrece un diamante un 30% más barato, ¿debo sospechar que es ilegal? Por supuesto. ¿Lo compraré? Por supuesto». En 1988, el Consejo de Seguridad de las Naciones Unidas estableció un embargo sobre los diamantes procedentes de Angola que no fuesen exportados con sus correspondientes certificados de origen, las propias Naciones Unidas reprendieron al gobierno de Angola por no actuar con la celeridad y eficacia debida, ¿por qué no lo hizo así el gobierno angoleño? Diversas organizaciones[22] han acusado a miembros de las Fuerzas Armadas Angoleñas –FAA– de beneficiarse de la venta ilegal de

22. Global Witness, *A Rough Trade: The role of companies and goverments in the Angolan conflict*, pág. 12 y Human Rights Watch *Angola unravels, the rise and fall of the lusaka peace process*, septiembre 1999, pág. 142.

diamantes. Según estas organizaciones, los ingresos procedentes de los diamantes son una parte clave de la lealtad de los generales de las FAA al gobierno. Además, aseguran que en muchos casos las empresas de diamantes colaboran estrechamente con empresas de seguridad en las que los generales de las FAA también están involucrados.

A la falta de mecanismos de control y de transparencia en el comercio de los diamantes, contribuye el papel cuasi monopolístico de la empresa De Beers[23] en la industria del diamante, el elevado número de intermediarios involucrados a lo largo de todo el proceso comercial que hace que sea extremadamente difícil seguir con exactitud el movimiento de los diamantes alrededor del mundo, y las lagunas de carácter legislativo que existen tanto en el ámbito nacional como internacional sobre la importación y exportación de diamantes.

Si los diamantes se pudiesen identificar en su origen, es decir, en el país del que son extraídos, el problema de su tráfico ilícito se podría controlar con ciertas garantías de éxito. La DTC, la central de compras y empresa encargada de realizar el marketing de De Beers,

23. El negocio de los diamantes está dominado desde los años 30 por la empresa sudafricana De Beers y por su empresa comercializadora DTC, entre ambas acaparan aproximadamente el 70-80% de los diamantes en bruto que llegan al mercado.

tiene su sede central en Londres. Los diamantes que comercializa son primeramente importados hasta esta ciudad y posteriormente se venden en los mercados internacionales. La actual legislación internacional no obliga a informar sobre el país de origen de los diamantes importados. Esto permite situaciones sin sentido como el hecho que el 41% de los diamantes que entran en Londres se registren como suizos, país que carece de producción propia, pero por donde transitan las piedras desde su país de origen para beneficiarse de las zonas de libre comercio. De esta manera, se borra cualquier rastro sobre su verdadera procedencia.

La presión internacional, ejercida principalmente por organizaciones no gubernamentales, llevó a que en mayo de 2000 el gobierno sudafricano organizase el primer foro técnico para tratar el problema del origen de los diamantes con la participación conjunta de gobiernos y de la industria del sector. En este foro, se acordó **la necesidad de implantar un sistema internacional de certificación de origen del diamante**. Se trata de un primer paso para buscar conjunta y coordinadamente soluciones a este problema y ha constituido el germen de lo que ya se conoce como el «proceso de Kimberley», cuyo nombre procede de la ciudad sudafricana donde se celebró el encuentro.

En septiembre de ese mismo año, el sector diamantífero (industria extractiva, fabricantes y empresas comercializadoras) constituyó el Consejo Mundial del Diamante (WDC en sus siglas inglesas) con el fin de erradicar el comercio de los diamantes de la guerra. El WDC y las organizaciones civiles norteamericanas han propuesto conjuntamente una ley que está en proceso de tramitación, y que en caso de aprobarse (como previsiblemente ocurrirá) significará que el que es hoy el primer consumidor de diamantes del mundo, los EE.UU., sólo autorizará la importación de diamantes limpios. Esta legislación podría extrapolarse al resto de los países.

De Beers por su parte comunicó en febrero de 2000 que iba a emitir garantías por escrito que indicasen que las piedras que comercializa están libres de conflicto. Además, se comprometió a exigir a sus clientes (150 selectos mayoristas que se proveen mayoritariamente pero no en exclusividad a través de De Beers) el cumplimiento de unas pautas de actuación que permitan asegurar a los consumidores finales que sus diamantes no provienen de zonas donde su extracción permite financiar conflictos armados. La realidad es que no existen mecanismos para garantizar el cumplimiento de esas pautas y que **la no existencia de un certificado de origen universal permite que los diamantes de la**

guerra se comercialicen a través de los canales «formales», por lo que tal y como señalan las propias Naciones Unidas[24] hoy por hoy De Beers no puede establecer esas garantías.

Propuestas

El objetivo general de la campaña internacional Negocios Fatales[25] es acabar con el comercio de los diamantes de la guerra a través de una mejor regulación del comercio general de diamantes. Se busca el control sobre el origen de la piedra y la transparencia en todo su circuito de comercialización.

Algunas propuestas concretas de la campaña para alcanzar este objetivo son:

1. La aprobación, en el ámbito de las Naciones Unidas, de un Tratado Internacional que tenga como fin terminar con el comercio de los diamantes de la guerra. En él, se debe contemplar la creación de un Sistema Internacional de Certificación del Origen de las piedras, que permita seguir al diamante desde que se extrae de la mina hasta que llega al consumidor final. Este sistema debería tener un mecanismo de control externo e independiente.
2. El establecimiento de medidas sancionadoras contra los países, organizaciones o individuos que de manera intencionada incumplen la prohibición impuesta por la ONU en relación con la importación directa o indirecta de diamantes procedentes de Sierra Leona y de Angola que carezcan del Certificado de Origen oficial.
3. El establecimiento de medidas sancionadoras (como puede ser la confiscación de las piedras) dirigidas a aquellas empresas/ individuos que comercialicen piedras sin los adecuados documentos o bien para aquellas que comercien con diamantes de la guerra.
4. La corrección de las imperfecciones y vacíos en la legislación internacional sobre la importación y exportación de diamantes.

24. *Report of the monitoring machanism on angola sanctions* (21.12.00).

25. Negocios Fatales es una campaña internacional formada por cinco ONG, que surge en 1999 con el fin de acabar con los diamantes de la guerra. Sus miembros son: INTERMÓN OXFAM (España), Global Witness (Reino Unido), Médico Internacional (Alemania), NIZA (Holanda) y NOVIB (Holanda).

4.2 La responsabilidad de la industria petrolera: el caso de Angola

El petróleo supone el 92% de los ingresos por exportación de Angola, entre el 70 y el 90% de sus ingresos totales desde 1994 hasta 1999 y más del 50% de su PNB (Producto Nacional Bruto). Angola es el segundo productor de crudo de África y, gracias a las nuevas bolsas que se han encontrado en su territorio, pasará en corto plazo a ser el mayor productor del continente negro. Si bien la mayor parte de las explotaciones de las zonas diamantíferas han estado tradicionalmente en manos de la UNITA, el petróleo está en manos del gobierno de Dos Santos. Ambos recursos naturales financian y alargan la existencia de un conflicto armado que dura ya más de tres décadas.

El petróleo angoleño satisface el 7% de la demanda de crudo en EE.UU. y se espera que alcance el 16% en el año 2005. La industria petrolera americana ha invertido 8 billones de marcos alemanes en Angola y, por supuesto, el apoyo del Gobierno de los EE.UU. a la UNITA que se cifraba nada menos que en 60 millones de dólares anuales durante la Guerra Fría ya es tema del pasado.[26] El gobierno de EE.UU. se alinea ahora con el gobierno angoleño.

Tanto la organización no gubernamental británica Global Witness, en su informe *A crude awakening*, como la norteamericana Human Rights Watch en su informe *The oil diagnostic in Angola* desvelan que las compañías internacionales de petróleo pagan enormes sumas al gobierno de Angola a cambio de resultar adjudicatarias de sus concesiones para la explotación de los pozos petrolíferos. **Estos ingresos en muchos casos no tienen reflejo en el presupuesto del Estado y tampoco se traducen en un aumento del gasto público social. De esta falta de transparencia, también participan las compañías petroleras concesionarias, que no facilitan información sobre los pagos efectuados al gobierno.** El pago de fuertes comisiones a personas relevantes de gobiernos africanos ha sido admitido recientemente por Elf como una práctica común y habitual en todo el continente.

En 1998, se reanudaron los enfrentamientos entre la UNITA y el MPLA, el partido en el gobierno. La UNITA pudo rearmarse gracias a los diamantes y el MPLA gracias al petróleo. En 1998, el bajo precio del crudo obligó al gobierno de Angola a obtener financiación que se garantizó contra la producción futura de tres de sus pozos de petróleo.

26. *The New York Times*: Oil Abounds, Misery Too, 14 de enero de 2001.

Los 870 millones de dólares que se obtuvieron se invirtieron en la compra de armas.[27] **La falta de transparencia de las cuentas públicas del gobierno provoca que existan fuertes discrepancias entre los gastos de defensa reconocidos por su ministerio y los estimados por observadores exteriores.** Muchos pagos de armas se hacen evitando el ministerio de Finanzas o el Banco Central y se efectúan directamente a través de la compañía nacional petrolera Sonangol o de la presidencia.[28] El Fondo Monetario Internacional (FMI) estima que, en 1997, el gobierno de Angola destinó un 36,4% de su presupuesto anual a gastos de defensa. Sin embargo, el gobierno sólo reconoce un 11,1%.

La venta de armas realizada por Francia a Angola, con la mediación de figuras públicas relevantes, fue noticia en los medios de comunicación a finales del año 2000 e inicios del siguiente. «El traficante de armas franco brasileño Pierre Falcone habría contado con la ayuda de Miterrand, consejero presidencial entre 1986 y 1992, para vender material militar (armas y programas informáticos) a Angola. A cambio de esa ayuda ante el presidente angoleño Eduardo Dos Santos, el hijo de Miterrand recibió 13 millones de francos (unos 325 millones de pesetas)».[29]

En respuesta a esta ausencia de transparencia en la gestión de los ingresos por petróleo, el Fondo Monetario Internacional, el Banco Mundial y el gobierno de Angola firmaron en abril de 2000 un acuerdo con el fin de permitir su control (el FMI condicionó su ayuda financiera a la firma de este acuerdo). Se ha contratado una consultora internacional con el fin de realizar un «diagnóstico» de la industria petrolera en Angola. Sin embargo, hay que criticar que no se realice una auditoria de los ingresos estatales, ya que no se trata sólo de conocer cuanto pagan las multinacionales al gobierno angoleño por este concepto, sino principalmente de saber que hace el gobierno con este dinero. Por otra parte se debería realizar una auditoría con carácter retrospectivo que permitiese conocer el alcance del «desvío» de estos ingresos en los últimos años.

ELF TotalFina, Chevron, BP-Amoco, Exxon/Mobil son algunas de las principales empresas multinacionales petroleras presentes en Angola. Sus ingresos y toda la información relevante se hace pública en

27. Human Rights Watch, *The International Monetary Fund's Staff Monitoring Program for Angola: The Human Rights Implications,* junio, 2000.

28. Idem.

29. Diario *El País* 28/12/00.

lo que concierne a las explotaciones que tienen en países desarrollados, pero tristemente participan del silencio y la ausencia de transparencia respecto a los ingresos y gastos en países en desarrollo.

¿Hay esperanzas para el futuro?

La BP-Amoco ha anunciado públicamente que, a partir de este año 2001, hará públicos todos los datos concernientes a las concesiones que tiene en Angola: producción obtenida en cada pozo, pago de impuestos, royalties, comisiones etc. Se espera que otras compañías petroleras sigan su ejemplo. Algunas organizaciones no gubernamentales realizan una campaña en este sentido.

La participación de la industria petrolera en otros conflictos violentos

Aunque aquí nos hemos centrado en el caso de Angola, la industria petrolera ha sido, y tristemente todavía es, un actor corresponsable habitual en muchos conflictos armados que tienen lugar en países productores de petróleo.

Merece la pena mencionar, como mínimo, el caso que sin duda es más conocido por la opinión pública, el de la *Shell en Nigeria*. Este país es el mayor productor de crudo del África negra, pero su explotación todavía beneficia a una escogida elite de su población. **Al inicio de la década de los 90, el delta del río Níger, rico en petróleo, fue escenario de unos violentos enfrentamientos entre los Ogoni –una etnia minoritaria local que acusaba a la Shell de contaminar su medio ambiente y dañar su cultura– y las fuerzas de seguridad que protegían las instalaciones de petróleo.** En 1993 decenas de miles de personas se movilizaron contra la Shell y a favor de la supervivencia de los Ogoni. El movimiento tuvo tal repercusión internacional que la Shell se vio obligada a interrumpir la producción. El gobierno de Nigeria comenzó entonces una violenta y sanguinaria represión con el objeto de reanudar la extracción del petróleo. Cientos de Ogonis fueron arrestados y en numerosas ocasiones condenados a muerte en juicios sumarísimos. Dos años más tarde el gobierno condenó a muerte y ejecutó, a pesar de las protestas internacionales, al escritor Saro-WiWa (que protagonizó las movilizaciones del 93) y a ocho activistas ogonis. La Shell ha admitido que, al menos en una ocasión en 1993, se vio «forzada» por el gobierno nigeriano a pagar a las fuerzas de seguridad nigerianas.

En el caso de *Sudán*, como ya se ha comentado, el petróleo se convierte en motivo de perpetuación del conflicto y, además, en una de sus principales fuentes de financiación. Las industrias petroleras internacionales que tienen concesiones en el país protegen sus explotaciones, consideradas como objetivo militar por los guerrilleros opositores del Sur, y contratan los servicios de empresas de seguridad. **El gobierno de Sudán interpreta su función de protección desde la perspectiva ofensiva y así practica la deportación masiva de la población que rodea las explotaciones petroleras.** Desarrolla una estrategia de «tierra quemada» que se extiende desde la parte occidental del alto Nilo hacia las nuevas concesiones que están más al Sur. Las tropas aterrorizan a las poblaciones locales, realizan ataques aéreos y queman sus viviendas.[30] Es una guerra por el petróleo.

La organización de desarrollo Christian Aid que lleva 30 años trabajando en este país, ha elaborado un informe[31] donde se declara testigo ocular de los siguientes hechos:

1. Las fuerzas gubernamentales y las milicias llevan a cabo una labor de «limpieza de civiles» en los campos de petróleo y comunidades vecinas.
2. Las infraestructuras realizadas por las compañías petroleras con el fin de transportar el crudo (carreteras y pistas de aterrizaje) son utilizadas libremente por los soldados de Jartum para transportar sus tropas contra el Sur.
3. Los beneficios que el país obtiene de la explotación del petróleo no repercuten en la sociedad civil. Su explotación origina graves violaciones de los derechos humanos y las compañías petroleras son también responsables al permitirlo y no aplicar unos códigos de conducta en el desarrollo de su negocio. En concreto, las empresas internacionales Lundin, Petronas y CNPC contribuyen a la expansión de la guerra al permitir que las fuerzas gubernamentales «limpien» nuevas zonas para que sean por ellos explotadas.
4. Hasta hace dos años Sudán era importador neto de petróleo, gracias al descubrimiento de nuevas bolsas se ha convertido en exportador. Con las ganancias obtenidas, financia y expande el aparato de la guerra. Los gastos de defensa se han duplicado en los dos últimos años.

30. Ver en el capítulo 2 «Sudán: dos realidades en un sólo país».
31. Christian Aid, *The scorched earth- Oil and war in Sudan*, 2001.

Propuestas[32]

1. La comunidad internacional debe exigir a través de todos los medios a su alcance al gobierno de Angola (y a cualquier otro país en la misma situación de corrupción) una política de plena transparencia de los ingresos y de los gastos públicos.
2. Los organismos financieros internacionales (FMI, BM) así como las compañías de crédito a la exportación deben condicionar su servicio a la implantación de una política de plena transparencia de ingresos y gastos por parte del gobierno deudor.
3. Los ingresos obtenidos por la explotación de este recurso natural deben repercutir finalmente en la sociedad civil del país y, para ello, su gobierno debe garantizar que al menos un 20% de los gastos públicos se destinan a sectores sociales básicos (Pacto 20/20 alcanzado en la Cumbre Mundial para el Desarrollo Social celebrada en 1995 en Copenague).
4. Se debe exigir a las compañías internacionales petroleras una política de plena transparencia, similar a la que mantienen en sus operaciones en países desarrollados. Deben hacer público los datos referentes a la producción e ingresos obtenidos y desglose de los pagos efectuados según concepto y destinatario.
5. Las compañías petroleras deben rehusar las asociaciones donde el socio esté involucrado en el comercio de armas.
6. Las compañías petroleras deben exigir la auditoria independiente de los fondos sociales en los que inviertan y dicha auditoría se debe realizar tanto desde el punto de vista financiero como social (cumplimiento de los programas sociales).

32. Recomendaciones recogidas del documento *A crude awakening: The role of the oil and banking industries in angola´s civil war and the plunder of States Assets*, Global Witness, 2000.

4.3 La industria maderera de Liberia como responsable de la inseguridad regional y nacional[33]

El panel de expertos de las Naciones Unidas que, a finales del año 2000, investigó el grado de cumplimiento y de eficacia de los embargos impuestos por el Consejo de Seguridad sobre Sierra Leona, responsabilizó expresamente al vecino país de Liberia de ser el principal responsable y hostigador de este conflicto al apoyar al movimiento guerrillero de Sierra Leona (la RUF) mediante la venta de armas y el entrenamiento de sus guerrilleros y en general al facilitar el apoyo logístico.

Según el informe, **varios gobiernos de los países vecinos de Sierra Leona así como la industria maderera liberiana son los responsables de obviar el embargo de armas que el Consejo de Seguridad de las Naciones Unidas decretó contra este país, al suministrarle armas a cambio de diamantes y otros recursos naturales.**

El panel señaló expresamente a la empresa maderera Oriental Timber Company (OTC) como la principal traficante de armas. El informe menciona además a otras dos compañías madereras. Una de ellas, Forum Liberia, tiene fuertes vínculos por socios comunes (españoles) con la empresa española Forum África[34] (que también disfruta de concesiones de explotación en Liberia).

No existen datos oficiales sobre los ingresos que la explotación de sus bosques revierte en el estado de Liberia. Sin embargo, según diversas fuentes, **se estima que el gobierno del presidente de Liberia, Taylor, obtiene la mayor parte de los ingresos públicos de la industria maderera** (por encima de los que le reportan los diamantes). Estos ingresos sirven en parte para alimentar y fustigar la inestabilidad en Sierra Leona y en parte para formar a sus fuerzas de seguridad, como por ejemplo, la Unidad Antiterrorista. Existen evidencias de que ésta fuerza de seguridad ha formado a los guerrilleros de la RUF.[35] Esta Unidad practica asesinatos extrajudiciales, tortura, intimidación, abusos, violaciones y otras prácticas contrarias a los Derechos Humanos. Según diversas fuentes, además de los ingresos oficiales, el presidente Taylor

33. Fuentes de información: Global Witness, *The role of Liberia´s logging industry on national and regional insecurity*, 2001, Greenpeace, *La madera de la Guerra*, marzo 2001 e *Informe realizado por el Panel de expertos de Naciones Unidas sobre el grado de cumplimiento de los embargos sobre Sierra Leona*, diciembre 2000.

34. Greenpeace, *La madera de la guerra*, marzo 2001.

35. Global Witness.

© INTERMÓN OXFAM

obtiene ingresos extraordinarios, fuera de presupuesto, procedentes de los pagos que empresas madereras le realizan a cambio de disfrutar de determinados privilegios.

El presidente Taylor trata de ganar un mayor control sobre los ingresos generados por la explotación de los recursos naturales de Liberia, a través de su designación como «recursos estratégicos» de acuerdo con el Acta de Bienes Estratégicos que está pendiente de aprobación con rango de ley. Según esta acta recae exclusivamente en el Presidente de la República de Liberia el poder de ejecutar, negociar y concluir cualquier acuerdo comercial con inversores nacionales o extranjeros sobre la explotación de los denominados recursos estratégicos.

El FDA (Liberian Forestry Development Authority), que es la autoridad del gobierno encargada de la gestión de los bosques, publicó en su informe de 1999 que había hasta ese momento 35 compañías madereras trabajando en Liberia (mediante la adjudicación de concesiones de bosques para su tala), varias de las cuales contravenían la ley establecida sobre explotación de madera. Según la FDA, los ingresos estatales que se obtuvieron en 1999 por la explotación de la madera fueron de 29 millones de dólares. Esta cifra parece claramente insuficiente si se compara con los pagos anuales totales que se estima realiza la industria maderera. Sólo la OTC, por ejemplo, genera unos beneficios anuales de entre 50 y 70 millones de dólares que se reparten entre ella misma, su empresa matriz y el presidente Taylor. Los impuestos que la OTC debería pagar al estado liberiano superan los 15 millones de dólares.

Entre las empresas internacionales madereras que tienen adjudicadas concesiones para la explotación de los bosques de Liberia merece la pena destacar dos por sus prácticas ilegales responsables de hostigar el conflicto de Sierra Leona:

- La Oriental Timber Company (OTC): Es una compañía malaya aunque su empresa matriz es la indonesia Djan Djantin. En el acuerdo con el presidente Taylor la OTC obtuvo permiso para la explotación de la madera y el control sobre uno de los cuatro puertos marítimos de Liberia, a cambio de responsabilizarse de la construcción de carreteras en beneficio de la población de Liberia. Según fuentes,[36] la OTC recibió una serie de privilegios, como la exención del pago de impuestos, de controles y regulaciones a cambio de pagar al presidente Taylor unos 5 millones de dólares.

  La OTC está dirigida por el Sr. Kouwenhoven quien, según el panel de expertos de las Naciones Unidas de Sierra Leona, «es el responsable de los aspectos logísticos de varios de los acuerdos de ventas de armas a Sierra Leona. A través de su compañía, él organiza su transporte desde la capital de Liberia, Monrovia, a Sierra Leona». Kouwenhoven aprovecha sus camiones para el traslado de las armas, que se desplazan gracias a las carreteras supuestamente construidas para permitir la explotación de la madera. La OTC actúa como intermediaria en el transporte de armas y en su suministro a la guerrilla de Sierra Leona, la RUF, y además dirige el desembarco de esta mercancía en el puerto que está bajo su control.
- Exotic Tropical Timber Enterprise (ETTE): Está dirigida por el ucraniano Leonid Minin, que comercia con diamantes y armas tanto con el presidente Taylor como con la RUF a través de su compañía de madera. Usa una serie de países como intermediarios de armas. Minin fue detenido en el 2000 en Italia.

36. Global Witness, *The role of Liberia´s logging industry on national and regional insecurity*, 2001.

El principal destino de la madera explotada en Liberia es Francia (37%), seguido de Italia y Turquía (un 19% y 15% respectivamente). España es el quinto comprador mundial con un 3,30% de su producción anual.

Se ha estimado que el valor de las exportaciones de madera procedente de las áreas bajo el control de las facciones armadas y durante el periodo 1990-1994 fue de 53 millones de dólares.[37]

El proceso de deforestación que sufre Liberia puede significar que, al ritmo actual, el país se encuentre sin bosques en 20-30 años. No se repoblan las zonas taladas, el impacto social, económico y ecológico que este comercio tendrá a largo plazo en el país dañará sin duda su futuro y el de su población.

Propuestas[38]

1. Que el Consejo de Seguridad de las Naciones Unidas apruebe una Resolución donde se imponga un embargo total sobre las exportaciones de madera de Liberia y su importación por el resto de los países, en tanto no se demuestre que este comercio no contribuye a la financiación del RUF en Sierra Leona.
2. Que se realice una detallada investigación de la industria maderera de Liberia, muy particularmente de la OTC, para determinar su grado de implicación con la presidencia de Taylor y con el conflicto de Sierra Leona.

37. *Regional Surveys of the World*, 1997.

38. Principales recomendaciones realizadas por Global witness en su documento, *The role of Liberia´s logging industry on national and regional insecurity*.

5. EL COMERCIO DE LAS ARMAS LIGERAS

Las armas ligeras son el tipo de armamento más común en los conflictos armados actuales y las causantes del mayor número de víctimas. Debido a este hecho, la sociedad civil, los estados y las instituciones internacionales trabajan para controlar y regular su comercio.

En el mundo se estima que hay alrededor de 500 millones de armas ligeras, esto supone un arma por cada 12 personas, que son responsables del 90% de las víctimas –en su mayoría civiles– de los conflictos armados actuales. La proliferación de este tipo de armas (con el fin de la Guerra Fría) ha supuesto un aumento en la criminalidad, mayor presencia de una cultura de la violencia y una obstaculización para el desarrollo de muchas zonas.

¿Quién se beneficia del comercio de armas?

El comercio de armas beneficia a algunas empresas y grupos económicos de nuestros países del Norte, pero además alimenta la propia existencia, la letalidad y la duración de conflictos armados que se desarrollan en países del Sur. Los conflictos armados son fuente de pobreza y sufrimiento para los países que los padecen y uno de los obstáculos que más frenan su desarrollo.

No hace falta insistir en el beneficio que la industria armamentística en general y los traficantes de armas en particular obtienen gracias a la existencia de conflictos armados y guerras. La existencia de conflictos armados asegura a los traficantes de armas una clientela fiel, dispuesta a invertir los ingresos que se puedan ir consiguiendo en mantener la «máquina de la guerra». Así, la venta de armas se convierte en un negocio indudablemente lucrativo que se debe controlar a escala internacional.

Una de las argumentaciones usadas con frecuencia para defender la producción y exportación de armas, especialmente aquellas que van dirigidas a países en conflicto, es que estas armas han de servir para garantizar la «seguridad» y acabar con el caos que impera en determinados estados o regiones del mundo. Sin embargo, las organizaciones que defendemos la necesidad de reducir la demanda y la oferta de armas trabajamos según una percepción diferente del concepto «seguridad». **«Seguridad» hoy significa tener respuestas y mecanismos de actuación frente amenazas crónicas como el hambre, la enfermedad y la opresión, así como protección frente a los trastornos inesperados y dolorosos de los modelos de vida (en las casas, en los lugares de trabajo y en las comunidades).** Es decir, nos sentimos más seguros, si tenemos garantizado el bienestar económico, social, humano, sanitario y educativo, así como el respeto de la identidad cultural propia en un marco intercultural y la defensa de los derechos humanos y libertades fundamentales.

Así, la acumulación de armamentos y el crecimiento del poder militar, junto con la política agresiva de venta de armas por parte de los países productores, tienen más posibilidades de reducir la seguridad global que de reforzar la seguridad estatal. Por otra parte, la combinación de la miseria con la presencia de armas produce un efecto exponencial que hipoteca las posibilidades de desarrollo de estos países.

Cuando en una guerra se acumulan centenares de miles o millones de armas, la paz queda luego hipotecada por dicho arsenal, que en parte es desviado y aprovechado por grupos terroristas, paramilitares, guerrillas, etc. Los propios excombatientes suelen encontrarse con dificultades para reincorporarse a la vida civil, con la consiguiente tentación de retomar las armas para sobrevivir. Se produce pues un círculo vicioso de inseguridad, violencia y ausencia de expectativas en la vida civil que afecta indudablemente las capacidades de desarrollo de muchos países. Promover por ello los Programas de Recolección de armamento, como la ONU ha aconsejado en diversas ocasiones o como la propia UE ha reconocido en su Acción Común del 98, se convierte pues en un instrumento de vital importancia.

¿Cómo controlar el comercio de armas?

La magnitud del problema de la producción y exportación de armas y de la proliferación de éstas en el mercado ha desatado una verdadera movilización internacional.

Algunas iniciativas han partido desde organismos internacionales como la Unión Europea que, en 1998, aprobó un Código de Conducta que establece a qué tipo de países no se deberían exportar armas y, en 1998, desarrolló una Acción Común con el fin de contribuir a combatir la acumulación desestabilizadora y la proliferación de armas ligeras y de pequeño calibre. La UNESCO o la Asamblea General de las Naciones Unidas, que ha especificado medidas para eliminar la producción y el tráfico ilícito de armas ligeras y su Secretario General, Kofi Annan, ha hecho un llamamiento para que no se exporten armas a los países en conflicto. También existen iniciativas impulsadas por grupos de países, como los africanos que han propuesto una moratoria en la venta de armas ligeras al continente. Además, un grupo de nóbeles de la paz ha impulsado un Código de Conducta Internacional en el que se trabaja actualmente con la participación del gobierno canadiense.

Si entramos con mayor detalle en alguna de estas iniciativas, cabe destacar las dos siguientes:

A) Conferencia sobre el Comercio Ilícito de las Armas Pequeñas y Armas Ligeras, Naciones Unidas julio 2001.

Esta Conferencia hay que considerarla como el primer esfuerzo realizado a nivel internacional para controlar el tráfico de armas ligeras. La férrea oposición de los EE.UU. (secundada por otros países productores) a aceptar medidas internacionales de control de carácter vinculante que limitasen la venta de armas, ha impedido el éxito de la Conferencia. Se han conseguido sin embargo algunos avances en relación con el marcado e identificación de las armas.

Muchas organizaciones civiles seguiremos trabajando para conseguir la aprobación de nuestras propuestas de un Programa de Acción Internacional.

Propuestas para un Programa de Acción Internacional

La Red Internacional de Acción sobre las Armas Pequeñas (IANSA en sus siglas inglesas) se constituyó en 1998 y se configura por centenares de organizaciones pacifistas, humanitarias, de desarrollo y de derechos humanos de todo el mundo. IANSA propone desarrollar un Programa de Acción que incorpore los siguientes puntos:[39]

39. *La cuestión de las armas pequeñas: recomendaciones para la Conferencia de la ONU de 2001 sobre el Comercio Ilícito de Armas Pequeñas y Armas Ligeras en todos sus aspectos*. IANSA, marzo 2001-03-20 01.

- La prevención y la lucha contra el tráfico ilícito de las armas ligeras.
- El control de las transferencias legales. En virtud de la Carta de la ONU, los estados tienen derecho a exportar e importar armas para fines legítimos de autodefensa y para hacer cumplir la ley, sin embargo los estados que comercian con armas tienen el deber de respetar las normas internacionalmente reconocidas sobre derechos humanos, el derecho internacional humanitario y las relaciones internacionales pacíficas.
- Controlar e impedir el desvío de armas del mercado legal al ilegal.
- La promoción de la recolección y destrucción de excedentes de armas procedentes de la sociedad civil y de zonas de conflicto.
- La mejora del intercambio de la información, la investigación y la transparencia por parte de la comunidad internacional.
- Abordar medidas que permitan reducir la demanda de las armas ligeras.
- El cierre de un calendario concreto, de estrategias y recursos que permitan la puesta en practica de estas medidas.

B) El Código de Conducta de la Unión Europea de 1998.

Tiene carácter no vinculante y establece una serie de criterios sobre los países que no deben ser objeto de venta de armas. Algunos de estos países son: los que sufren embargos de organismos internacionales, los que sufren en su territorio una situación de conflicto armado, los que cometen violaciones contra los derechos humanos, los que se sabe que actúan como intermediarios y revenden las armas a terceros países que se encuentran en una de estas situaciones, etc.

Criterios del Código de Conducta de la Unión Europea

1. Respeto de los compromisos internacionales de los Estados miembros de la UE, en particular de las sanciones decretadas por el Consejo de Seguridad de las Naciones Unidas y por la Comunidad, de los acuerdos de no proliferación y de otros temas, así como de otras obligaciones internacionales.
2. Respeto de los derechos humanos en el país de destino final.

3. Situación interna del país de destino final, en términos de la existencia de tensiones o conflictos armados.
4. Mantenimiento de la paz, la seguridad y la estabilidad regionales.
5. Seguridad nacional de los Estados miembros y de los territorios cuyas relaciones exteriores son responsabilidad de un Estado miembro, así como de los países amigos y aliados.
6. Comportamiento del país comprador frente a la comunidad internacional, en especial en relación con su actitud frente al terrorismo, la naturaleza de sus alianzas y el respeto del Derecho Internacional.
7. Existencia del riesgo que el equipo se desvíe dentro del país comprador o se reexporte en condiciones no deseadas.
8. Compatibilidad de las exportaciones de armas con la capacidad económica y técnica del país receptor, si se tiene en cuenta la conveniencia de que los Estados satisfagan sus necesidades legítimas de seguridad y defensa con el mínimo desvío de recursos humanos y económicos para armamentos.

Existe, en el seno de la UE, un grupo de trabajo denominado COARM cuya función es la mejora y el desarrollo de este Código de Conducta. En él, se incorporan temas esenciales como el desarrollo de una lista detallada de los productos militares y de doble uso de los que se debe facilitar información a efectos de su exportación, la creación de un registro de los intermediarios de armas de la UE, así como de los que trabajan en su territorio, y el detalle de las licencias denegadas (motivo, cliente, país...). Los avances son lentos y el grado de involucración de los Estados miembros es diferente. En este sentido, cabe decir que el Estado español se sitúa a la cola en lo que a transparencia se refiere. Trabajar en pro de la transparencia es un requisito indispensable para poder establecer criterios y controles que permitan finalizar con el tráfico ilícito de armas, entendiendo como «ilícito» no sólo el concepto de «legalidad» sino también de «sentido ético» (se producen exportaciones «legales» que éticamente no son admisibles).

Instrumentos de trabajo: el Informe Criterios

Precisamente con el fin de orientar a las administraciones públicas a adoptar unos criterios más precisos sobre autorización o denegación de solicitudes de exportación de armamento[40] en función de los compromisos internacionales firmados y de la legislación vigente y, muy en particular, de la derivada de los ocho criterios comunes de la Unión Europea, la Cátedra UNESCO sobre Paz y Derechos Humanos de la Universitat Autònoma de Barcelona (UAB) ha elaborado el *Informe 2001: Criterios para autorizar o denegar las exportaciones de armamento.* Este informe se ha distribuido entre los Parlamentos nacionales de los 15 estados miembros de la Unión Europea y es un instrumento de enorme utilidad para evaluar los países destino de la venta de armas.

El *Informe 2001* se basa en el análisis de 30 indicadores de alerta temprana, utilizados frecuentemente en estudios de prevención de conflictos, y que abarcan seis grandes tipos de consideraciones referentes a los países destinatarios: compromisos internacionales, niveles de militarización, situación de los Derechos Humanos, nivel de bienestar, nivel de conflictividad y nivel de confianza. A continuación, se indica en dos tablas los países que según este estudio deberían estar sujetos a restricciones: la primera reúne los países a los que en ningún caso debe exportarse armas, la segunda establece los países donde cualquier exportación de armamento debe estudiarse cuidadosamente y la autorización sólo debe concederse después de obtener una serie de garantías –mediante la exigencia del certificado de destinatario final– respecto al uso del material y a las circunstancias políticas del momento, a causa de mantener activos varios indicadores significativos.

El caso español

Desde 1995 las ONG Amnistía Internacional, Greenpeace, INTERMÓN OXFAM y Médicos Sin Fronteras han impulsado en España diversas

40. Por «armamento» designamos en este estudio a todo aquel material de defensa y de doble uso que es utilizado por las fuerzas armadas y los cuerpos de seguridad y policial. Los criterios restrictivos deberían ser igualmente de aplicación para las transferencias de personal, formación o tecnología, incluido el apoyo económico o logístico.

Países a los que no debería exportarse bajo ningún concepto

Afganistán	Congo	Indonesia	Ruanda
Angola	Congo, R.D.	Iraq	Sierra Leona
Arabia Saudita	Corea R.P.D.	Israel	Siria Rep. Árabe
Argelia	Croacia	Jam. Árabe Libia	Somalia
Armenia	Emiratos Árabes	Jordania	Sri Lanka
Azerbaiyán	Eritrea	Líbano	Sudán
Bosnia y Herzegovina	Etiopía	Liberia	Turquía
Burundi	Fed. de Rusia	Myanmar	Yemen
China	Ghana	Nigeria	Yugoslavia
Colombia	India	Pakistán	Zimbabue

Países que deberían estar sujetos a un estricto control

A.N. Palestina	Egipto	Malaui	Samoa
Bahamas	Fiji	Maldivas	Santo Tomé y Príncipe
Bahrein	Filipinas	Mali	Senegal
Bangladesh	Gambia	Marruecos	Singapur
Belarús	Georgia	Mauritania	Suriname
Benin	Guinea	Mozambique	Tailandia
Brasil	Guinea Ecuatorial	Namibia	Taiwán
Brunei Darussalam	Guinea-Bissau	Nepal	Tanzania, Rep. Unida
Bulgaria	Haití	Nicaragua	Tayikistán
Burkina Faso	I. Salomón	Níger	Timor
Cabo Verde	Irán	Omán	Togo
Camboya	Jamaica	Panamá	Turkmenistán
Camerún	Kazajstán	Papúa Nueva Guinea	Ucrania
Chad	Kenia	Paraguay	Uganda
Chipre	Kirguistán	Perú	Uzbekistán
Comores	Kuwait	Qatar	Venezuela
Costa de Marfil	Lao, RDP	Rep. Checa	Vietnam
Cuba	Madagascar	Rumanía	Zambia
Ecuador	Malasia	S. Vicente y Granadinas	

FUENTE: *Informe 2001: Criterios para autorizar o denegar las exportaciones de armamento*, Cátedra UNESCO.

campañas[41] orientadas hacia la transparencia y el control en el comercio y producción de armas, la promoción de moratorias regionales, la mejora del Código de Conducta de la UE, la reducción de la disponibilidad de las armas ligeras y las minas antipersona para la población civil, su recolección y eliminación en países que finalizan un conflicto armado y la promoción de programas de desarrollo, seguridad personal, estabilidad y gobernabilidad democrática y respeto de los DDHH.

En marzo de 1997, las ONG lograron la aprobación de una Proposición No de Ley (PNDL) que instaba al gobierno a desarrollar los criterios que regulan las exportaciones de material de defensa en la UE y a divulgar semestralmente las exportaciones de armamento ya realizadas con detalle de los «datos esenciales». La interpretación de lo que son «datos esenciales« ha sido un tema recurrente de debate con el gobierno, ya que éste ha intentado dar la mínima información posible y se ha limitado a publicar una estadística con los países de destino de las armas y su importe total. El gobierno debe informar también de los productos vendidos a cada país y, sobre todo, de los destinatarios y usuarios de los productos exportados, así como del importe y la cantidad de los productos vendidos y las empresas exportadoras en cada caso. **Sólo como dato merece la pena indicar que, si atendemos a la lista de países no exportables elaborada por la Cátedra UNESCO en el 2001, resulta que más del 35% de las exportaciones de armamento español realizadas en el primer semestre del año 2000 se dirige hacia países que violan claramente el Código de Conducta de la Unión Europea.**[42]

En octubre del año 2000, las ONG presentaron a los parlamentarios una nueva propuesta de PNDL, todavía no debatida en el Congreso, en la que se insta al gobierno principalmente a continuar el proceso de aumento de la transparencia. La PNDL es apoyada mayoritariamente por todos los grupos parlamentarios excepto, en principio, por el partido del gobierno, el Partido Popular.

41. Estas cuatro organizaciones, con la colaboración de la Cátedra UNESCO, comenzaron en 1995 una campaña «Hay secretos que matan» con el objetivo de que el comercio de las armas en España dejase de ser un tema secreto y existiese un mayor control social y parlamentario de esta cuestión. Desde 1999, se realiza la campaña «Adiós a las armas: por el control de las armas ligeras», cuyos objetivos son los aquí incluidos como propuestas de acción.

42. Nota de prensa de la campaña «Adiós a las armas» emitido el 11 de mayo de 2001.

Propuestas

Reducir la demanda y la oferta de armas, mediante la promoción en el ámbito nacional e internacional de:[43]

1. La transparencia en la producción y la exportación de armamento, con la divulgación de los productos vendidos a cada país, condición necesaria para conocer si se exportan armas a países en conflicto, que violan los Derechos Humanos, o para saber si hay coherencia con lo dictado por el Código de Conducta de la UE.
2. Un estricto control de dichas armas mediante la mejora del Código de Conducta de la UE, el apoyo a diferentes iniciativas impulsadas por diferentes países y organismos internacionales y el control de los agentes intermediarios mediante la creación de un registro público.
3. La promoción de la regulación y el control de la demanda de armas ligeras a países concretos y/o la recompra y destrucción de estas armas ligeras en determinados países.

43. Estas propuestas recogen los objetivos de la campaña Adiós a las armas.

6. LA GESTIÓN DE LOS CONFLICTOS ARMADOS

Los conflictos armados son complejos y cambiantes. Si simplificamos se podrían establecer tres fases principales: antes (prevención), durante (intervención) y después (rehabilitación), pero es difícil definir las actuaciones que deben llevarse a cabo en cada una de ellas y también resulta complicado delimitar cuándo termina una fase y comienza otra. Así, por ejemplo, en la fase de postconflicto se realiza prevención y actuaciones que se realizan en prevención continúan con mayor fuerza en la fase de intervención.

A continuación, se propone un modelo simplificado de gestión de conflictos armados que nos permitirá abordar esta materia obviando las anteriores inconveniencias.

Las fases de un conflicto

ANTES: prevención de conflictos

OBJETIVO: evitar que un conflicto se vuelva en conflicto armado

ACTUACIONES:

NIVEL MICRO:

- educación para la paz y la no-violencia

NIVEL MACRO:

- desarrollo de un sistema de alerta temprana
- diplomacia
- tratamiento de causas estructurales (pobreza, ausencia valores democráticos, recursos gestionados en beneficio de unos pocos, sociedad militarizada...)
- desarrollo de instrumentos internacionales: TPI, Tratado de Ottawa...

DURANTE: **intervención y resolución**

OBJETIVO: finalizar el conflicto armado, cubrir las necesidades de las víctimas del conflicto.

ACTUACIONES:

- debilitamiento de las partes enfrentadas: cortar las fuentes de financiación e impedir la compra de armamento
- resolución política del conflicto: mediación
- apoyo sociedad civil. capacitación de organizaciones civiles
- ayuda humanitaria: acceso a todas las víctimas

DESPUÉS: **rehabilitación y reconstrucción**

OBJETIVO: impedir que retorne la situación de conflicto violento/armado-paz definitiva y desarrollo.

ACTUACIONES:[44]

- rehabilitación política (seguimiento del proceso de paz, capacidad institucional del gobierno, vigilancia y promoción de los derechos humanos, desmovilización y reintegración de excombatientes, reforma sistema judicial...)
- rehabilitación social (reconciliación social, reintegración de refugiados y desplazados, promoción servicios sociales básicos, refuerzo sectores sociales más débiles...)
- rehabilitación económica (desminado, reactivación sistema productivo, protección medioambiental, reformas política macroeconómica...)

FUENTE: Elaboración propia

6.1 Prevención de conflictos

El objetivo de la prevención es evitar que un conflicto se transforme en un conflicto violento. Así, se debería actuar con celeridad y eficacia ante las primeras manifestaciones violentas o bien cuando la intensidad de esta violencia se considere preocupante. Si el conflicto

44. Centro de la Investigación para la Paz, Bases de reconstrucción postbélica, Observatorio de conflictos, Informe 11, 1999.

evolucionase negativamente y se entrara en una espiral ascendente de violencia incontrolada o bien si finalmente estallara la crisis, las actuaciones serían mucho más costosas (en términos monetarios y de vida humanas) y de más difícil resolución.

La Prevención de Conflictos se refiere a aquellas acciones, políticas, estrategias e instituciones gubernamentales o no gubernamentales que, de forma expresa, intentan contener o mitigar las amenazas, el uso de la violencia organizada u otras formas de coacción de unos estados concretos o de grupos organizados y, con la finalidad de arreglar disputas políticas internas o entre Estados, especialmente aquellas situaciones donde los medios existentes no puedan gestionar pacíficamente los efectos desestabilizadores de determinados cambios económicos, sociales, políticos e internacionales.[45]

La comunidad internacional debe aprovechar todos los medios que tenga a su alcance para evitar o limitar los estragos de la guerra. Tratar de impedir las devastadoras consecuencias de un conflicto armado es un imperativo humanitario, político y económico.

Para desarrollar una política eficaz de Prevención de Conflictos, es necesario disponer de información actualizada y veraz que una vez procesada y analizada permitirá llevar a cabo actuaciones concretas que tengan como fin la «transformación» del conflicto, al atacar y modificar las causas que puedan haber provocado la crisis antes de que ésta estalle.

Los sistemas de alerta temprana

Actualmente, el problema no radica tanto en obtener la información como en ser capaces de procesar los datos y analizarlos correctamente de forma que se pueda identificar cuando existe una situación de riesgo sobre la que se hace necesario actuar rápida y eficazmente.

Según las Naciones Unidas un Sistema de Alerta Temprana es un proceso que proporciona información en un momento dado, permite a las comunidades vulnerables ser conscientes de una situación de riesgo y, así, llevar a cabo acciones preparatorias antes y durante una emergencia. Las emergencias pueden producirse bien por catástrofes naturales (ciclones, terremotos, etc.) o bien por conflictos armados. Actualmente los Sistemas de Alerta Temprana más desarrollados co-

45. Lund, Michael S., *Early Warning and Preventive Diplomacy*, en *Managing Global Chaos*, United States Institute of Peace Press, pp. 384-385.

rresponden a las emergencias del primer tipo. En cualquier caso **el objetivo último de estos sistemas es el de dotar a la organización, institución o agente que lo utilice de una capacidad «proactiva» y no sólo «reactiva» ante el acaecimiento de crisis humanitarias.**

El sistema de alerta temprana se compone de una serie de indicadores que deben «alertar» de situaciones consideradas lo suficientemente peligrosas como para que desencadenen un conflicto violento. Los indicadores que componen el sistema tienen en cuenta diferentes realidades con el fin de ser lo más efectivos posible. A continuación, se muestra un ejemplo de Sistema de Alerta Temprana para conflictos.

Indicadores de alerta temprana para conflictos y violencia social

1. Tensiones estructurales y sociedad civil
   - distribución de la tierra y renta entre los sectores de la sociedad
   - desigualdad en el desarrollo social
   - desigualdades sociales entre regiones y entre ciudad y campo
2. Tamaño, composición y distribución de la población
   - grupos étnicos, religión y lenguas como % de la población
   - distribución a través del territorio
   - presencia y extensión de la tensión
   - capacidad relativa de movilización
   - migraciones campo-ciudad
3. Grado de desarrollo económico y cambios en el Índice de Desarrollo Humano (IDH)
   - cambios de la inflación
   - cambios en los ingresos nacionales
   - cambios en la balanza de pagos
   - cambios en la deuda externa sobre el PIB
4. Cambios en la seguridad alimentaria
   - producción de alimentos por habitante
   - acceso a los alimentos
   - cambio en los precios de los alimentos
   - tendencia en el % de importación de alimentos

5. Condiciones del medio ambiente
   - disponibilidad por habitante de energía, metales, madera, agua, y otros recursos naturales
   - nivel de polución y de degradación ecológica

6. Legitimidad del régimen
   - estabilidad del gobierno (número, frecuencia y tipos de cambios)
   - grado de participación
   - número y naturaleza de las manifestaciones

7. Represión y violación de los derechos humanos
   - cambios en el número de prisioneros políticos
   - reacción ante las manifestaciones
   - grado de libertad de prensa
   - escala y función de las tropas en funciones policiales
   - Situación de las minorías y de la población indígena

8. Gastos militares
   - tamaño absoluto y relativo del ejército
   - cambios en los gastos militares
   - escala y origen de las importaciones de armas
   - presencia de grupos armados no oficiales, sus propósitos y nivel de armamento y actividades

9. Factores externos
   - posición económica y política en el ámbito regional
   - grado de integración regional
   - relaciones con los países vecinos
   - conflictos armados y naturaleza de los conflictos de la región
   - existencia y tamaño de flujos de refugiados
   - actividades de los indígenas de los países vecinos

10. Precedentes históricos
    - naturaleza de conflictos previos
    - nivel de conflictos anteriores
    - salidas y soluciones

FUENTE: Doom, Ruddy y Vlassenrrot, Kloen. «Eaarly Warning and conflict prevention. Minerva´s Wisdom?», Journal of Humanitarian Affairs, P.3

¿Qué es lo que falla?

Lo cierto es que el desarrollo de una política efectiva de Prevención de Conflictos todavía es la asignatura pendiente de la mayor parte de gobiernos, instituciones internacionales y organizaciones civiles. A pesar de que se producen grandes cambios, como por ejemplo en el marco de la política de la Unión Europea, todavía queda mucho por avanzar. A continuación, indicamos algunas actuaciones susceptibles de mejora:

- A pesar de disponer de la información necesaria, a menudo no se sabe/quiere actuar con la rapidez adecuada ante una posible crisis. En la fase de prevención es esencial actuar con rapidez, pues la espiral de violencia puede adquirir en poco tiempo tal intensidad que la crisis estalle antes de haber podido emprender acciones de carácter preventivo.
- La respuesta que se da ante una crisis todavía es más de tipo «reactivo» (son los «paños calientes» que pone la comunidad internacional ante el estallido de un conflicto violento) que «proactivo» (abordando las causas y trabajando sobre ellas antes de que estalle la crisis). La falta de prevención en la crisis de Ruanda en 1994 ha supuesto más de 1.500 millones de dólares en una operación humanitaria que no ha sabido abordar las causas de una crisis todavía abierta.
- La mayoría de las actuaciones preventivas suelen ser a corto plazo. Es decir, se abordan más las causas circunstanciales de los conflictos que las estructurales, como son la pobreza, la distribución desigual de recursos escasos, la gestión de los recursos en beneficio de unos pocos o la militarización de la sociedad.
- Las actuaciones preventivas tienen habitualmente más en cuenta las políticas y las autoridades nacionales en detrimento de las regionales y locales. Las actuaciones de carácter preventivo que se lleven a cabo deberían aplicarse de manera descentralizada.
- En el ámbito internacional, existe una falta notable de coordinación entre los diferentes agentes que intervienen en políticas de prevención.
- En general, existe poca voluntad política en la prevención de los conflictos. En palabras de Vicenç Fisas,[46] «lo que falta no es infor-

46. Fisas, Vicenç, *Cultura de paz y gestión de conflictos*, Icaria & Antrazyt Unesco. 1998, pág. 179.

mación u ordenadores que procesen millones de datos de alerta, sino determinación para construir un mundo más justo, más equilibrado, más sostenible y con menos explotación. La prevención nunca podrá substituir al esfuerzo político y social por conseguir esos objetivos».

Promover el desarrollo para prevenir los conflictos

La elaboración de una lista de posibles acciones para la prevención de conflictos armados sería largo y seguramente quedaría incompleta. Merece la pena no obstante recalcar que las actuaciones que más frecuentemente se han llevado a cabo son las de «corto plazo», por ejemplo las acciones diplomáticas o el despliegue de fuerzas de seguridad. **INTERMÓN OXFAM apuesta por el binomio prevención - desarrollo, al creer que la existencia de situaciones injustas (de pobreza, de distribución de la riqueza, de violación de los derechos humanos etc.) son las verdaderas generadoras de los conflictos armados en el mundo.** Una política eficaz de prevención debe siempre desarrollar políticas de «largo plazo» que actúen directamente sobre las causas estructurales generadoras de los conflictos (gestión de recursos escasos, las llamadas economías de guerra, sociedades excesivamente militarizadas...).

La política en prevención de conflictos de la Unión Europea

El progreso que la Unión Europea ha hecho en esta materia, aún cuando todavía queda un largo camino por recorrer, es innegable. La prevención de conflictos está en su agenda política y las ONG son en gran parte responsables de ello por haber sido capaces de elevar a instituciones y gobiernos la necesidad de desarrollar este marco de acción.

El 8 de febrero de 2001, el Comisario en Política de Desarrollo, Paul Nielson, realizó en Londres una conferencia sobre prevención de conflictos de la que cabe destacar una afirmación cuanto menos significativa. Nielson dijo que mientras que en los Balcanes la capacidad militar fue la que dio credibilidad a la política exterior de la UE, en África su credibilidad debería venir por su política de cooperación y desarrollo.

Vincular e integrar la prevención de conflictos en los programas de cooperación se ha manifestado finalmente como una realidad ineludible. La primera gran contribución de la Unión Europea en esta materia fue el documento presentado por Solana y Patten (Comisario de Relaciones Exteriores) en la Cumbre de Jefes de Estado de Niza en diciembre de 2000 bajo el título de «Mejora de la coherencia y efectividad de la acción de la UE en materia de prevención de conflictos» (*Improving the coherence and effectiveness of EU action in the field of conflict prevention*).

El documento manifiesta que, en materia de prevención de conflictos, la principal preocupación de la UE debe ser realizar una «política coherente» y, para ello, establece tres prioridades: construir/potenciar asociaciones más efectivas (con las Naciones Unidas, organizaciones regionales y subregionales, instituciones financieras internacionales y ONG), crear medidas de «corto plazo» (fortalecer las actividades diplomáticas) y, por último, de «largo plazo» (subraya la necesidad de abordar lo que llaman problemas «horizontales», como armas, diamantes etc.).

La presidencia sueca ha servido de espoleta en esta nueva preocupación por la prevención de conflictos. La propia ministra sueca de exteriores ha manifestado la necesidad de relacionar prevención con desarrollo, de aumentar la coordinación entre los diferentes agentes y de reforzar el sistema de alertas tempranas.

El 11 de abril de 2001, la Comisión dio a conocer un documento en el que recoge sus propuestas para la prevención de conflictos. Este documento pretende profundizar en el documento presentado en Niza. Ésta es la contribución que realiza la Comisión europea al Programa Europeo de Prevención de Conflictos para su adopción por parte del Consejo europeo.

La iniciativa recomienda una serie de propuestas con el objetivo de integrar la prevención de conflictos en la política exterior europea. La Comisión plantea cuatro objetivos concretos:

1. Un uso más coordinado y sistemático de los instrumentos de la comunidad europea, en concreto de los programas de cooperación.
2. Identificar y abordar las causas últimas de los conflictos en sus primeros estadios en lugar de las circunstanciales cuando la crisis ya está en ciernes.
3. La mejora de la capacidad para reaccionar rápidamente ante los nuevos conflictos.
4. La integración y la promoción de la cooperación en acciones de prevención entre los socios europeos.

La Comisión realiza una lista de recomendaciones de las cuales mencionamos a continuación:

- Medidas a largo plazo: abordar las causas estructurales al relacionar la prevención de conflictos con la cooperación para el desarrollo; mejorar los servicios policiales y promocionar el desarme y la no proliferación de armas convencionales; luchar contra el narcotráfico; controlar la demanda de armas ligeras; regular el comercio de los diamantes y apoyar la implantación de un Sistema Internacional de Certificación de Origen; gestionar el uso compartido de recursos acuíferos escasos; reducir la degradación medioambiental o cofinanciar la implantación de los Planes Estratégicos para la Reducción de la Pobreza que el Banco Mundial y el Fondo Monetario Internacional financian actualmente.
- Medidas a corto plazo: mejorar los mecanismos de alerta temprana y de la diplomacia preventiva o el papel de mediador de la UE.
- Cooperación internacional: construir / potenciar una mayor coordinación en política de prevención de conflictos entre los diferentes agentes del panorama internacional (organizaciones regionales, ONU, ONG, gobiernos y UE).

La Comisión editará a finales de 2001 un libro-guía sobre prevención de conflictos con el fin de ayudar a identificar proyectos donde se deberían realizar medidas de prevención. La Comisión realiza también otra propuesta, que consiste en usar los nuevos instrumentos de gestión de crisis desarrollados en el contexto de la PESC (como es la creación de las llamadas «fuerzas de reacción rápida»[47]), no sólo para la gestión de la crisis (cuando ya ha estallado) sino también para su prevención.

Si bien es cierto que el documento de la Comisión permite tener una visión general de la política europea en prevención de conflictos, también es cierto que por ahora el trabajo se queda en una declaración de intenciones sin mecanismos ni instrumentos concretos de cómo llevarlo a cabo.

47. Ver capítulo 7, apartado 2.

Las ONG se acercan a la Unión Europea

El 1 de enero de 2001 se constituyó en Bruselas la EPLO (European Peacebuilding Liason Office), una plataforma de ONG que tiene como fin mantener a sus miembros informados puntualmente sobre la política de prevención, gestión y resolución de crisis que lleva a cabo la Unión Europea.

La EPLO trabaja en dos direcciones. Por una parte, recopila información pero, por otra, también trata de influir en la política y en las propuestas de la UE al transmitir el trabajo que sus propios miembros llevan a cabo y poner de manifiesto las contribuciones que se pueden hacer desde el sector.

A través de la EPLO, sus miembros pueden conocer y aprender con mayor rapidez y con mayor detalle los avances que la UE realiza en su Política Exterior y de Seguridad Común. De esta forma, pueden reaccionar con mayor rapidez ante sus decisiones. La oficina son los «ojos y los oídos « de las ONG en Bruselas.

6.2 La intervención y resolución del conflicto

Una vez ya ha estallado el conflicto, resulta sin duda más difícil y mucho más costoso (en toda la amplitud del término) abordar su resolución. Para hacerlo, es necesario analizar todo el conjunto de factores que han rodeado la gestación de la crisis: actitudes, contexto, poderes, cultura, estructuras de dominio, etc. Además, las partes deben reconocer la existencia del conflicto, ya que a veces éste se niega y, con ello, se cierra, antes de haberse abierto, las posibilidades de su resolución.

Antes de continuar, es necesario incidir una vez más en el hecho de que la clasificación de fases y actuaciones que se efectúa en este capítulo no deja de ser una propuesta y que la realidad demuestra la dificultad de establecer «departamentos estanco» en esta materia. Gran parte de las acciones que comentaremos a continuación pueden (y deberían) tener su inicio en la fase preventiva y deberían continuar luego (o comenzar) en la segunda fase de intervención.

La negociación como instrumento de resolución de conflictos

La negociación de la resolución de un conflicto suele conllevar grandes dotes de diplomacia y de tiempo y suele ser necesaria la figura de un intermediario que medie entre las partes enfrentadas.

La ONU y otras instituciones supranacionales, como la Organización de Seguridad y Cooperación en Europa –OSCE– se han dotado de mecanismos de mediación en los conflictos para garantizar el final del enfrentamiento. Así, han creado las condiciones para el advenimiento de una verdadera paz. Aún así, sus actuaciones son cuestionadas en numerosas ocasiones y sus resultados no han dejado de ser decepcionantes en un buen número de conflictos. Un ejemplo podría ser el proceso de paz auspiciado por las Naciones Unidas que tuvo lugar en Angola en 1994. El fracaso de este proceso se ha reconocido internacionalmente.

Resulta interesante comparar dos casos de negociación y de procesos de paz, uno fracasado –el de Angola– y otro exitoso- el de Mozambique–. La comparación no deja de ser muy superflua, pero puede ayudar a reflexionar sobre una serie de elementos que intervienen en el conflicto:

a) Mozambique vivió una guerra civil durante 16 años a raíz de su independencia de Portugal en 1975. Las dos facciones (la RENAMO y la FRELIMO) se enfrentaban por el gobierno de la nación. Mozambique era un país marxista, alejado de los intereses internacionales, sobre todo tras la caída del muro de Berlín, y que no dispone de riquezas naturales lo suficientemente importantes como para atraer el interés desmesurado de las transnacionales o de estados extranjeros. La paz llegó en 1994 después de unas largas negociaciones que fueron auspiciadas por la comunidad católica de San Egidio.
b) Angola sufre un conflicto que enfrenta a la UNITA y al MPLA desde hace 30 años. Es actualmente el segundo productor de petróleo del continente africano y el quinto productor mundial de diamantes, aunque sus gemas se sitúan entre las más puras y valiosas del mundo. El beneficio que generan estas riquezas no se traduce en bienestar para su población, sino que enriquece a las elites en el poder y a las empresas transnacionales que las explotan. Muchos estados extranjeros tienen intereses en el país. El proceso de paz de 1994, auspiciado por la ONU, fracasó definitivamente en 1998.

En el cuadro siguiente se enfrentan los dos modelos y se comparan algunos de los elementos que la comunidad de San Egidio considera que ayudaron al desenlace exitoso de la negociación de paz en Mozambique.

MOZAMBIQUE	ANGOLA
a) Existía un deseo cierto de terminar con este conflicto – ninguno de los dos bandos se beneficiaba económicamente con su continuación.	a) No se percibe ningún deseo de terminar con el conflicto ya que beneficia y enriquece a los dirigentes y cercanos de ambas partes.
b) Las partes se acercaron a San Egidio voluntariamente para que mediase en el proceso de paz.	b) La comunidad internacional empujó a la celebración de este proceso de paz.
c) No hubo prisa –el proceso fue largo y la paz se firmó cuando las negociaciones ya estaban «maduras».	c) Algunas organizaciones consideran que el proceso se aceleró artificialmente y las partes no estaban preparadas para la firma de paz. Fue más un deseo de la comunidad internacional por «cerrar» el proceso, que el desenlace lógico de la situación.
d) San Egidio era un mediador percibido por ambas partes como independiente y que carecía de intereses creados,	d) Las partes perciben a los gobiernos extranjeros y a los organismos internacionales como partes interesadas.
e) Durante el transcurso de las negociaciones y hasta la firma de la paz no hubo condicionantes previos –no se exigió la deposición de las armas o el alto el fuego, ya que era utópico pensar que las partes iban a acceder a ello, no existía confianza entre ellas y su única «defensa» se entendía a través de la violencia.	e) La comunidad internacional reconoce como presidente legítimo del país a Dos Santos y se alinea mayoritariamente con él en la exigencia de que cualquier negociación pase primero por la deposición de las armas por parte de UNITA.

Debilitar posiciones: obligar a las partes a entablar negociaciones

En situaciones tan complejas como la de Angola, donde la continuación del conflicto armado es en si un negocio que enriquece a unos cuantos (los mismos que tienen el poder político de continuar o terminar con la guerra), parece en principio difícil que las partes enfrentadas deseen voluntariamente mantener nuevas conversaciones de paz que puedan culminar de manera positiva. Debilitar económicamente a los bandos enfrentados cortando el flujo ilegal de dinero que financia las operaciones armadas, y garantizar que la explotación de los recursos naturales se gestiona correctamente y va a repercutir íntegramente en la población del país, puede suponer el principio del fin de esta larga guerra. La ausencia de intereses económicos particulares, unido a una sociedad civil que cada vez con mayor fuerza reclama la paz, podría culminar en el restablecimiento de las negociaciones.

La victoria militar sólo «pospone» el conflicto hasta que el bando debilitado se vuelve a rearmar, pero no lo resuelve. Si la comunidad internacional realmente desea una paz duradera en Angola debe ayudar a instaurar un clima que favorezca la celebración voluntaria y deseada de negociaciones de paz entre la UNITA y el MPLA con la participación de la sociedad civil angoleña.

El papel de la sociedad civil

La sociedad civil debe intervenir en el proceso de paz, ya que su apoyo decidido es una garantía para el buen fin del proceso. Al contrario, si no participa, se asegura el fracaso del mismo.

La creación de una «conciencia de sociedad» que reconozca las diferentes realidades étnicas y culturales es un paso previo que suma y no resta en la construcción de una sociedad unida. Apoyarles en esta tarea es una de las labores que las ONG que trabajan en países en conflicto deben asumir como prioritarias. **Exigir la celebración de conversaciones de paz debe ser una demanda que surja y se eleve en primer lugar y de manera organizada desde el propio pueblo. Asimismo la sociedad civil debe estar presente en su desarrollo y aplicación para asegurar el éxito de todo el proceso.**

La negociación de la paz (*Peace Making*)

El conjunto de acciones que conducen a las partes a negociar un acuerdo de paz se conoce como *Peace Making*. Lo conveniente sería que este proceso comenzase en la fase preventiva de forma que, ante los primeros síntomas de tensión, se desplegasen todas las formas posibles de disuasión y se llegase a un acuerdo antes del estallido de la crisis armada.

Algunas acciones que se pueden realizar y otras que, sin embargo, no se deberían llevar a cabo, son las siguientes:

SÍ	NO
a) Movilización internacional que apoye los esfuerzos de paz, creación de grupos de «países amigos» y celebración de conferencias internacionales por la paz, etc. b) Imposición de sanciones (con «peros»), si es útil, en caso del comercio ilícito de diamantes, madera etc. No es justificable cuando se trata de un embargo total en el que la población civil es la principal perjudicada. c) Interrupción de la proliferación de armas.	a) Desarrollo desde el exterior de políticas o acciones individuales sin considerar la posibilidad de coordinar una política común con el resto de los actores exteriores. b) Multiplicación del número y los esfuerzos mediadores.

La ayuda humanitaria y de emergencia

Los implicados en el conflicto, especialmente si son estados poderosos y los problemas estallan dentro de su propio territorio, invocan el principio de la no injerencia en asuntos internos para dificultar e incluso impedir cualquier tipo de intervención, sobre todo si va en contra de su manera de resolver el problema, como el caso del gobierno ruso en Chechenia o el del gobierno chino frente a los fenómenos de disidencia política y social que culminaron en la matanza de la Plaza de Tiananmen. En ambas situaciones, la actitud de la comunidad internacional fue muy pragmática, ya que aceptó los hechos consumados a cambio de obtener estabilidad regional o su apertura económica respectivamente.

Numerosas organizaciones no gubernamentales, que trabajan para paliar las consecuencias que el desarrollo del conflicto pueda tener para la población vulnerable, han apelado a la intervención de la comunidad internacional para resolver los conflictos, ya que **si la ayuda humanitaria no va acompañada de una presión firme para favorecer una salida negociada que atienda a las causas del enfrentamiento con criterios de justicia y reciprocidad, no pasará de ser un recurso asistencial de urgencia.**

El caso de Angola es nuevamente un buen ejemplo. Cuando el conflicto ya ha estallado las acciones prioritarias deben ser de emergencia (ayuda humanitaria), y garantizar el libre acceso a las víctimas, como se recoge en el derecho humanitario internacional. En la ayuda humanitaria, quedan muchas tareas pendientes que se deben mejorar. Si usamos el caso español como referencia,[48] nos encontramos con una deficiente coordinación entre los diferentes agentes, fondos insuficientes o una ausencia de protocolos de emergencia. En general, y ante una situación cierta de conflicto violento, se debe abordar especialmente lo relacionado con la seguridad de desplazados internos, medidas de mitigación del impacto social y medioambiental de refugiados en países vecinos y coordinación de la ayuda. La ayuda humanitaria no deja de tener sus sombras; algunas preguntas que quedan abiertas son si contribuye a la longevidad del conflicto o si la ayuda humanitaria detrae los recursos financieros que deberían destinarse a cubrir otras necesidades que son claves para la resolución del conflicto.

Imposición de la paz (*Peace enforcing*)

Cuando las fuerzas militares de la ONU intervienen para «cesar las hostilidades» o «terminar con los actos de agresión» se habla de «*peace-enforcing*».

48. Para el caso español, recomendamos la lectura de *La Realidad de la Ayuda 2000-2001*, de la colección Informes INTERMÓN OXFAM, en su capítulo 4.

6.3 La rehabilitación

Una vez se ha alcanzado un acuerdo de paz se entra en la fase de post-conflicto. Es una fase extremadamente delicada, las partes enfrentadas son susceptibles a cualquier tipo de declaración, actuación o manifestación que perciban como «contraria a sus intereses».

Mantenimiento de la paz (*Peace Keeping*)

Una vez se ha negociado el alto al fuego, se entraría técnicamente en la tercera fase, la del post-conflicto. Entonces, las Naciones Unidas pueden decidir desplegar en el territorio una misión de mantenimiento de la paz (*peace keeping*) que consiste en personal militar de la ONU cuya función es actuar exclusivamente como observador externo del conflicto.

El despliegue de estas fuerzas de la ONU se ha cuestionado en numerosas ocasiones. El fracaso del trabajo de estas fuerzas en Somalia o el resultado obtenido en la antigua Yugoslavia ha provocado que la comunidad internacional mire con recelo su participación política y económica como parte integrante de estas misiones. Restablecer la credibilidad de las Naciones Unidas en estas operaciones, especialmente en África, donde gran parte de los países la han marginalizado de sus procesos, depende en gran manera del deseo de la comunidad internacional de explorar nuevas formas para avanzar en los objetivos de paz y seguridad en el mundo.

Actuaciones de construcción de la paz (*Peace building*) y de post-conflicto

Por *peace building* (construcción de la paz) se entiende el conjunto de acciones que se llevan a cabo para identificar y apoyar estructuras que permitan fortalecer la paz recién alcanzada, con el objetivo de evitar la reanudación del conflicto.

Sólo mediante el trabajo acerca de los problemas económicos, sociales, culturales y humanitarios que subyacen tras el conflicto, se puede prevenir su reaparición. Se debe trabajar en la rehabilitación y reconstrucción del país en todos sus aspectos para así tener esperanzas en que la paz sea definitiva.

La reconstrucción de un país devastado por un conflicto violento precisa de la ayuda internacional. Para muchos países, este «volver a comenzar» supone la posibilidad de abordar reformas que garanticen estructuras más justas, la reforma judicial, policial, social o la creación de nuevas instituciones son algunos ejemplos. Para estos países, no se trata tanto de emprender su reconstrucción como su transformación.

La tarea más inmediata y más urgente que debe abarcar el *peace building* es la de atender a las necesidades inmediatas de la población, tales como asegurar alimento y cobijo, apoyar la implantación de servicios sociales básicos (como sanidad e higiene), limpiar el país de las minas antipersona que hayan quedado esparcidas por el territorio o proveer de ayuda logística a las agencias y organizaciones que trabajen en el país.

Estas primeras acciones deben representar un avance que no hipoteque sino contribuya a la construcción de los objetivos de desarrollo a largo plazo. La construcción de infraestructuras necesarias para la distribución de suministros y su almacenaje debería así realizarse con una visión futurista.

Elaborar un Plan Estratégico de rehabilitación[49]

Para orientar de una manera integral la rehabilitación de un país tras un conflicto armado (entendiendo este concepto en un sentido amplio que abarque la reconstrucción física del país), es necesario definir un Plan Estratégico que incluya objetivos, recursos económicos, calendario previsto y los programas sectoriales a realizar.

Para que el Plan sea exitoso, se debe realizar con una visión de largo plazo y no acudir únicamente a la cobertura de las necesidades inmediatas. Además, debe ser global e involucrar los aspectos sociales, políticos y económicos. La implantación del Plan es responsabilidad del gobierno de la nación, pero no resultará exitoso a no ser que:

a) Se defina e implante de manera que se involucre en él a las sociedad civil, instituciones y gobiernos regionales y locales.
b) Cuente con la ayuda de la comunidad internacional. Lo más factible es que el Estado no pueda afrontar la financiación por sus propios medios. La definición de las necesidades y su financiación se debe hacer teniendo en cuenta este factor.

49. Centro de la investigación para la Paz/Fundación Hogar del Empleado, «Bases de reconstrucción postbélica», Informe del observatorio de conflictos, Nº 11, 1999.

Los planes de rehabilitación postbélica deben ser rápidos y flexibles. Lo ideal sería que se diseñasen ya durante la fase anterior de manera que se pudiesen llevar a cabo nada más terminaran las hostilidades. Hay que tener en cuenta que la fragilidad de una sociedad postbélica, donde existe un número importante de combatientes «desocupados», donde circula además un número incontrolado de armas y donde habitualmente no se garantiza la cobertura de necesidades básicas, es un caldo de cultivo ideal para el resurgimiento del conflicto.

En el cuadro introductorio de este capítulo, se mencionan algunas de las actividades concretas que se deberían llevar a cabo en la fase de post-conflicto. Se clasifican en tres categorías: rehabilitación social, rehabilitación política y rehabilitación económica, que a continuación se explican brevemente.

La rehabilitación política

Es seguramente el elemento más crítico. Cuando en el conflicto interviene como parte enfrentada el gobierno de la nación es señal de que existe una estructura que no funciona y que no se percibe como adecuada por la población.

La rehabilitación política permitirá que la social y la económica puedan tener posibilidades de éxito. La comunidad internacional ha participado en numerosas ocasiones en proyectos y programas encaminados a este fin, pero no existe un marco de referencia bien definido para esta reforma política y eso, sin duda, supone un inconveniente.

La rehabilitación política se tiene que basar en un amplio consenso entre todos los sectores del país y debe garantizar el pluralismo, el respeto a las libertades y a los derechos humanos y la reforma y modificación de las administraciones del Estado.

La rehabilitación social

En los conflictos actuales, la sociedad civil se ha constituido a menudo en objetivo estratégico de la contienda.

Es necesario trabajar principalmente en dos niveles, en el restablecimiento de los servicios sociales básicos (principalmente salud, educación y alimentación) y en la reintegración a la sociedad de los grupos más vulnerables, es decir, los refugiados y desplazados, los niños sin familia y traumatizados, las viudas de guerra, las mujeres que han sufrido abusos sexuales o las que han visto modificado su función y han asumido el de jefe de familia.

La rehabilitación económica

Quizás la primera experiencia de este tipo fue el Plan Marshall al acabar la 2º guerra mundial. La rehabilitación de las infraestructuras, tanto institucionales como materiales, que sin duda han quedado seriamente dañadas tras un conflicto, es una necesidad incuestionable.

7. LA RESPONSABILIDAD DE LOS ACTORES INTERNACIONALES EN LA GESTIÓN DE LOS CONFLICTOS

7.1 Las Naciones Unidas

La organización de las Naciones Unidas se creó al finalizar la Segunda Guerra Mundial con el fin, como declara su Carta, de «preservar a las generaciones venideras del flagelo de la guerra». Esta es su función y, por ella, se debe juzgar su buen o mal funcionamiento.

No se debe olvidar que **las Naciones Unidas son un organismo internacional cuyo buen funcionamiento depende en definitiva de la voluntad política de los estados miembros que la integran.** No cabe duda que la ausencia de esta voluntad dificulta sobremanera el hecho de que la ONU pueda servir plenamente al objetivo para el que se creó.

Dotarla de los recursos económicos necesarios, reformar la institución, y en concreto su Consejo de Seguridad,[50] asegurando la participación de los países menos desarrollados en igualdad de condiciones y democratizando el proceso de toma de decisiones es una necesidad imperante.

La actitud de determinados estados supone una barrera a la hora de llevar a cabo estas reformas. En concreto, la política de los Estados Unidos frente a las Naciones Unidas resulta un escollo infranqueable. A mediados del año 2000, los Estados Unidos debían a este organismo más de 1.360 millones de dólares (dos terceras partes del total adeudado a las Naciones Unidas). Por otra parte, Washington ha bloqueado en repetidas ocasiones operaciones de mantenimiento de paz de la ONU por no considerarlas de «interés estratégico» o por preferir llevarlas a cabo dentro del ámbito de la OTAN.

50. En el Consejo de Seguridad existen cinco estados miembros de carácter permanente –EE.UU., China, Francia, Reino Unido y Rusia– que tienen capacidad de veto, por lo que el voto en contra de uno sólo de estos cinco países impide la aprobación de cualquier resolución aún cuando esté respaldada por la mayoría de los restantes.

La ausencia de voluntad política también se refleja en el esfuerzo que los oficiales de las Naciones Unidas deben realizar para encontrar gobiernos dispuestos a aportar personal y equipos cada vez que se autoriza una nueva misión de paz. A menudo los contingentes que se ofrecen carecen de la formación o del equipo adecuado, especialmente en lo relacionado con transporte, logística y comunicaciones. Todo ello, retrasa el despliegue de la misión de paz. Además, es una realidad innegable que el grueso de los soldados que participa en estas misiones procede de países en desarrollo; sin embargo, los países ricos deciden dónde y cuándo se debe actuar.

Las Naciones Unidas han puesto el acento en las fuerzas de paz –una vez el conflicto armado ya ha estallado– y no en atajar las causas que pueden convertir un conflicto en violento. El fortalecimiento de la Prevención de Conflictos es sin duda una de las asignaturas pendientes de la ONU. La clave para atajar los brotes de violencia que degeneran en conflictos armados o guerras es una vez más gestionar una política de prevención que esté inexorablemente vinculada a las políticas de desarrollo y de erradicación de la pobreza. Se debe disponer de información actualizada que se distribuya dentro de todo el sistema de las Naciones Unidas, que contenga un análisis de política, formule estrategias a largo plazo y detecte las crisis en ciernes con suficiente anticipación.[51] Actualmente, existe un debate abierto en el seno de la ONU de cómo abordar esta necesidad y sobre qué departamento o comité debería ser responsable de llevarla a cabo.

Las Naciones Unidas deben desarrollar estrategias de consolidación de paz para que sus misiones puedan ser efectivas. El despliegue de estas misiones debe realizarse con celeridad, teniendo en cuenta la opinión y las necesidades de la población afectada, y se las debe dotar de los medios humanos y materiales necesarios para asegurar su éxito. El personal que integra las misiones de mantenimiento de paz debe recibir formación específica para la tarea que se le asigna. Los soldados que han recibido preparación para actuar en combate difícilmente estarán también preparados para llevar a cabo tareas ciertamente delicadas por el clima de tensión que se vive tras un conflicto. En estas misiones, se debe considerar desde su primera fase el fortalecimiento de las instituciones democráticas, el respeto de los derechos humanos y la desmovilización y reintegración de los combatientes a la sociedad civil.

51. Informe del Grupo sobre las Operaciones de Paz de las Naciones Unidas, Informe Brahimi.

Las posibilidades de que un acuerdo de paz se quiebre son más elevadas en las semanas inmediatamente posteriores a su declaración, por ello la presencia de la misión de mantenimiento de paz de las Naciones Unidas debe producirse dentro de sus 30 primeros días. Aunque las Naciones Unidas han aprobado desde su constitución en 1948 más de 50 misiones de mantenimiento de paz, la organización ha tenido repetidamente que improvisar su ejecución. La falta crónica de recursos financieros y la ausencia de un cuerpo permanente y preparado para este tipo de misiones ha dado lugar con demasiada frecuencia al incumplimiento de las expectativas inicialmente generadas.

7.2 La Unión Europea

A lo largo de estos últimos meses, se han desarrollado en el marco de la UE un buen número de documentos e iniciativas en el campo de la prevención, pero lo cierto es que todavía no se ha avanzado en el plano de las acciones concretas necesarias para poder llevarlas a cabo. Se necesitan propuestas políticas mucho más detalladas y exhaustivas si realmente la prevención de conflictos va a abandonar el bajo perfil que actualmente mantiene en el marco global de la gestión de conflictos. Así por ejemplo los progresos concretos que se han realizado en el desarrollo de las fuerzas de reacción rápida militar y policial no han tenido su reflejo en medidas paralelas para la prevención de civiles.

Esto se debe en parte a que la prevención es una ciencia de difícil diagnóstico. Aún cuando se desarrollen e implanten políticas y acciones concretas de prevención, es imposible aseverar que éstas han tenido una influencia directa y decisiva en la prevención del conflicto. No obstante, aunque no se pueda asegurar esta relación causal directa, si existe cada vez un mayor consenso sobre las políticas que realmente pueden tener impacto al actuar sobre las causas estructurales generadoras de conflictos.

La UE dispone de todos los elementos necesarios para asumir un papel crucial y protagonista en la prevención de conflictos violentos. Dispone del mayor mercado único del mundo, es el primer donante de ayuda internacional (presente en todos los países en desarrollo del globo), dispone de la fuerza de sus países miembros y de una incomparable red de vínculos históricos y culturales que la une con el resto del mundo y de representación en las más altas instancias mundiales diplomáticas y de planificación económica. Sin embargo, estas potencialidades no se aprovechan satisfactoriamente.

Diversas presiones políticas han elevado la gestión de conflictos (de crisis) a la agenda de la UE, pero el mayor énfasis se ha dado en la creación de las fuerzas de acción rápida para crisis militares, resultado de la Cumbre de jefes de Estado de Helsinki (1999) cuyo fin es actuar en los lugares donde la OTAN no pueda o no quiera hacerlo. La menor atención que se ha dado a la gestión de crisis no militares se ha centrado también en la creación de una fuerza policial de reacción rápida. Por lo tanto, existe el peligro de que los recursos se destinen mayoritariamente a la gestión de crisis desde el aspecto militar y que las acciones de «largo plazo» (las encaminadas a abordar las causas reales del estallido de los conflictos) queden en segundo plano. Desde esta perspectiva no deja de ser preocupante que la UE haya reducido la ayuda que destina a los países ACP,[52] entre los cuales se encuentran los países subsaharianos (donde se desarrollan la mayor parte de los conflictos armados más violentos y donde se encuentran la mayoría de los países más pobres del planeta).

Vincular claramente la prevención de conflictos con la erradicación de la pobreza, la capacitación de la sociedad civil, el desarrollo de valores democráticos y el respeto de los derechos humanos es prioritario y deben ser objetivos primordiales en la política de desarrollo de la UE.

El aumento de la ayuda destinada a los Países Menos Adelantados, la mayor presión internacional para que estos países tengan acceso al mercado mundial (la UE dio un paso de gigante al permitir su libre acceso al mercado europeo con la excepción de las armas), el trabajo para reformar la Organización Mundial del Comercio y hacerla más transparente y democrática así como la reforma del Fondo Monetario Internacional para que modere su férrea política neoliberal, la promoción de programas de desmovilización de combatientes, de recolección de armas o la adecuación de la legislación comunitaria de acuerdo con las políticas de reducción en la exportación de armas o de importación de diamantes son sólo algunos ejemplos de las políticas y acciones que la UE debería implementar para atender la prevención de conflictos a largo plazo.

Por último, sólo cabe apuntar que, para llevar eficazmente a cabo estas medidas, la UE debería considerar una serie de cambios institu-

52. Países en desarrollo de África subsahariana, Caribe y Pacífico.

MUCHAS GRACIAS por la compra de uno de nuestos libros

Si desea recibir nuestro catálogo de publicaciones envíenos esta tarjeta cumplimentada.

Nombre ______________ Apellidos ______________

______________ Fecha nacimiento ______________

Domicilio ______________ Nº ______ Piso ______ Puerta ______

Población ______________ CP ______________

Tel. ______________ Profesión ______________

¿En qué libro ha encontrado esta tarjeta?

¿Qué razones motivaron la compra de este libro?

❑ Título/Tema ❑ Prensa/Radio ❑ Presentación ❑ INTERMÓN ❑ Recomendación

Sugerencias ______________

____

También deseo recibir la siguiente información sobre INTERMÓN:

❑ Proyectos de desarrollo en el Tercer Mundo y Campañas de sensibilización

❑ Propuestas educativas Primaria ❑ Propuestas educativas Secundaria

9830-7012

Le garantizamos que los datos que nos facilite son confidenciales para el uso exclusivo de INTERMÓN y que puede comprobarlos y rectificarlos cuando lo desee. Si no desea recibir más información de INTERMÓN, por favor, indíquelo en esta casilla. ❑

Apartado nº 310 F.D.
08080 BARCELONA

cionales que le permitiesen aumentar su capacidad y la de sus estados miembros para la prevención de conflictos. El fortalecimiento de la Política de Planificación y la Unidad de Alerta Temprana, encargadas de desarrollar y mejorar el sistema de alerta temprana y la capacidad de análisis de la información de la UE, o la reforma de la Comisión, mediante la aclaración de las responsabilidades de sus diferentes direcciones generales y el mantenimiento de una dirección de desarrollo fuerte son sólo algunas de las medidas.

7.3 Las organizaciones no gubernamentales

Las ONG tenemos una responsabilidad inexcusable en la construcción de un mundo más justo que garantice una vida digna a todos sus habitantes. Ésta es sin duda una tarea difícil, pero **las ONG trabajamos en el convencimiento de que, en el mundo, existe riqueza y medios suficientes para conseguirlo. Para hacerlo, se deben mover principalmente «voluntades políticas»**.

Las ONG desarrollamos una doble función. Por una parte, denunciamos las causas de la injusticia y la pobreza, como la desigualdad de recursos, la degradación social económica y medioambiental o la violación de los derechos humanos. Para ello, combinamos una labor de sensibilización y movilización ciudadana a favor de nuestras propuestas de cambio político con el trabajo de presión política directa a personas, instituciones públicas y empresas que tienen capacidad de actuar para generar los cambios demandados. Por otra parte, trabajamos para paliar el sufrimiento o mejorar las condiciones de vida de un colectivo a través de la ayuda de emergencia y/o de la ayuda para el desarrollo. Estas tres funciones (sensibilización y movilización, incidencia política y ayuda humanitaria o de desarrollo) se encuentran presentes a lo largo de cada una de las fases de un conflicto: prevención, intervención y rehabilitación.

La denuncia de la existencia de «señales de alerta» que hacen prever un conflicto violento, el descubrimiento y la difusión de las necesidades reales de ayuda que tiene la población cuando estalla el conflicto, la presión a los gobiernos para que las cubran en tiempo y manera adecuada, la denuncia en su caso de la escasa o insatisfactoria respuesta o su distribución inadecuada y, por último, la contribución a la reconstrucción del país/ región, así como la denuncia y la presión para que se aborden de manera definitiva las causas que generaron la crisis

© INTERMÓN OXFAM

son sólo algunas de las responsabilidades que deberíamos asumir las ONG en la gestión de conflictos violentos.

La instauración de una «cultura de la paz» debería ser el gran objetivo de toda la comunidad internacional y las organizaciones civiles deben presionar para que gobiernos e instituciones internacionales avancen en la adopción de medidas específicas. Una de nuestras funciones principales consiste en crear opinión y aumentar la presión pública y política en estas materias. **Las organizaciones civiles tenemos una posición privilegiada al estar presentes en todos los países del mundo; el trabajo conjunto de las organizaciones del Norte y del Sur permite que actuemos como altavoces de realidades que conocemos y vivimos diariamente. Representamos un «indicador de alerta temprana» de indudable valor.** Además, las ONG tenemos que desempeñar una función específica para vigilar, atestiguar y, en su caso denunciar, los progresos (o ausencia de ellos) que se producen en el panorama internacional en el ámbito de la gestión de conflictos. Las ONG debemos no sólo observar lo que se hace, sino también saber proponer sobre lo que se debería hacer.

Todavía hay quien piensa que presionar para lograr cambios en las prácticas y políticas de gobiernos, instituciones y empresas no es de la incumbencia de las ONG. La campaña de la deuda externa, la de la eliminación de las minas antipersona, por el fin de los diamantes de la guerra o por el control y transparencia en el comercio de armas son buenos ejemplos de lo que se puede conseguir si se trabaja de una manera coordinada, se aúnan esfuerzos y nos apoyamos en propuestas técnicamente sólidas.

Si reclamamos a los constructores de la política internacional (UE, instituciones multilaterales, organismos internacionales, etc.) que afronten los conflictos mediante una lucha contra ellos desde su base –causas estructurales– y no sólo desde sus manifestaciones, es lógico que el papel que nos exijamos a nosotras mismas sea de igual amplitud de miras. Por eso, cada vez más los proyectos de cooperación deben contemplarse desde el marco de estrategias globales que contemplen las causas mismas de la pobreza.

Las ONG tienen, como ya se ha dicho, un papel preponderante que cumplir en cada una de las tres fases de la gestión de conflictos. Sin embargo, nos encontramos con ineficacias y retos que debemos superar.

Se han realizado muchas críticas al trabajo de las ONG. Se nos ha acusado –no sin razón– de falta de coordinación (duplicando y a veces perjudicando proyectos de cooperación a largo plazo), de imponer los modelos del Norte sin atender a las necesidades o al medio cultural del Sur o de ir a lo inmediato sin abarcar las causas de fondo.

Los 10 principios de trabajo de las ONG propuestos por Fernando Almansa, Director del Departamento de Cooperación Internacional de INTERMÓN OXFAM, son los siguientes:

1. Reconceptualización del desarrollo

   Las ONG debemos conceptualizar de una manera clara lo que es desarrollo y la lucha contra la pobreza y buscar los mecanismos que, de una forma multiplicadora, puedan afectar sobre los mismos. El desarrollo es un proceso que no puede darse desde el exterior. Sólo podemos acompañarlo a partir de la potenciación de las capacidades internas de las poblaciones, al mismo tiempo que se contribuye a la creación de unas condiciones que permitan un entorno favorable para dicho desarrollo.

2. Una colaboración inculturada y madura

   Esto significa, por un lado, reconocer la primacía y el protagonismo de la población del Sur en su propio desarrollo a partir de sus organizaciones y con su propia cultura e idiosincrasia y, por otro lado, desarrollar una verdadera colaboración que permita el diálogo entre iguales basado en el reconocimiento y la exigencia mutua.

3. Un análisis de causas y efectos exigente, atrevido y dinámico
   Se debería mantener una revisión permanente de este análisis para poder responder adecuadamente.

4. Una apuesta arriesgada por la lucha contra las causas y no por los síntomas
   Esto implica el desarrollo de campañas de presión social, el desarrollo de agendas de presión política bien seleccionadas y el apoyo a programas de desarrollo de alto impacto estratégico con una lógica de transformación regional desde lo local.

5. Una opción clara por la dignidad de las personas
   Las personas deben ser siempre el centro de nuestro trabajo, no puede haber desarrollo sin dignidad.

6. Una concertación global de los diferentes agentes
   Es muy importante saber sumar esfuerzos con el resto de organizaciones y agentes y reconocer y definir nuestros espacios de actuación y de aportación de valor añadido. Además debemos reafirmar nuestra no-gubernamentalidad desde la perspectiva de la independencia, no de la antigubernamentalidad.

7. Una apuesta clara por la equidad del género
   No puede haber desarrollo sin igualdad entre mujeres y hombres

8. Una combinación equilibrada e inteligente entre lo macro y lo micro.
   Como decía Nacho Senillosa, antiguo Director de Estudios de INTERMÓN OXFAM, «tener la capacidad de unir el inmenso abismo que separa la visión del telescopio con la imagen del microscopio».

9. Una apuesta por la innovación
   Ser capaces de superar los modelos preestablecidos y rígidos de la cooperación a la vez que se identifican las nuevas oportunidades que aparecen y la mejor forma de utilizar nuestras capacidades y recursos.

10. Un elevado control de los llamados factores higiénicos
    Por factores higiénicos se entienden aquellos que son imprescindibles para el buen desarrollo del trabajo, pero que «per se» no aportan desarrollo en sí, como son: una alta motivación, buena administración, profesionalidad, transparencia e independencia.

7.1 Las transnacionales

Cerca de 40.000 transnacionales controlan el 80% del comercio mundial y el 90% de las patentes. Las ventas de las cuatro mayores multinacionales exceden el PNB de todos los países africanos. El poder de las multinacionales es cada vez mayor y su intervención en las políticas de desarrollo de los países del Sur cada vez más clara.

La globalización ha llevado a un proceso liberalizador de la economía que, sin embargo, no ha llevado un control paralelo y una mayor regulación del comercio mundial. Las transnacionales se instalan en los países del Sur atraídas principalmente por unos bajos costes salariares, unas leyes medioambientales y sociales laxas o por unas riquezas naturales que son explotadas en connivencia con los Estados del Sur sin que este proceso arroje en muchos casos algún beneficio significativo a la población civil.

No sería cierto decir que las transnacionales generan los conflictos armados, pero sin duda se puede afirmar que, en muchos casos, ayudan a mantener situaciones y estructuras claramente injustas o a gobiernos corruptos, con lo que de manera indirecta participan o alimentan las causas generadoras de violencia en estos países. La actuación de la industria extractiva en Liberia, Angola, Sudán o en Nigeria (capítulo 4) no deja lugar a dudas de esta aseveración.

Las transnacionales se escudan en su papel de agente económico generador de beneficios que se deben en definitiva a sus socios. Pero la Carta de las Naciones Unidas en los derechos y deberes de los Estados establece expresamente que las multinacionales tienen obligaciones sociales. Esta afirmación se basa en el hecho de que la formación de capital es un proceso social en sí mismo, puesto que es generador de trabajo tanto presente como futuro. También se arguye que las multinacionales tienen una deuda con la sociedad puesto que ésta les provee mediante el Estado de infraestructura económica (carreteras, puentes, etc.) y social (educación etc.).

Existe una creciente presión en lo que se denomina la «triple línea de fondo», es decir, las empresas deben responder a una triple implicación: económica, social y medioambiental. Se han sucedido multitud de campañas de todos conocidas contra ciertas empresas para que tengan un mayor compromiso social. En muchos ocasiones, se ha llegado hasta el boicot, aunque esta medida se ha eliminado en la mayoría de los casos por las consecuencias negativas que tienen para los trabajadores del Sur, como el despido, siendo expulsados a formas de vida aún más precarias.

Los tres principios básicos que las transnacionales deben respetar

1. Los Derechos de los ciudadanos

- Derechos laborales: La empresa debe proporcionar a sus trabajadores, un salario digno y unos estándares laborales básicos como salud o seguridad en el trabajo, derecho a la libre sindicación y asociación, no discriminación y una jornada laboral digna.
- Derechos sociales: La empresa debe garantizar a sus empleados una sanidad de calidad, educación, seguro de desempleo, una pensión de jubilación y, en especial, debe asegurar los servicios relacionados con la mujer, el niño y los discapacitados.
- Derechos medioambientales: como la conservación de los recursos naturales y la biodiversidad del planeta para las generaciones futuras, mediante medidas encaminadas a proteger el aire, el agua, el bosque, la vida salvaje y los recursos no renovables. Para ello, la empresa debe usar tecnologías limpias y energías no contaminantes, fomentar la formación de los trabajadores en el respeto al entorno y la protección medioambiental y respetar con sus obras y construcciones el equilibrio ecológico y urbanístico del entorno.
- Derechos culturales: como el derecho a preservar la identidad especifica de los pueblos, el lenguaje, los valores, las costumbres y el patrimonio.

2. Las obligaciones estatales

Las empresas bajo ningún concepto deberán intervenir u obstaculizar el cumplimiento de las obligaciones estatales de los gobiernos o participar de forma alguna en el incumplimiento de estas obligaciones. Los gobiernos tienen en concreto la responsabilidad de proteger áreas estratégicas (financiera, eléctrica, comunicación) y de necesidades básicas (salud, educación medio ambiente, etc.) mediante servicios públicos o regulados. En este sentido, los gobiernos deben cumplir con sus obligaciones y garantizar que la totalidad de los ingresos públicos tienen reflejo en las cuentas del Estado y que estos ingresos se usan al servicio de los derechos básicos de los ciudadanos.

3. La responsabilidad empresarial

- Colaboración con las políticas generales y las autoridades locales. Principalmente, consiste en facilitar de manera transparente información sobre su ubicación, sus compañías relacionadas y filiales, sus propietarios, sus resultados financieros y contables, así como las fuentes de financiación de la empresa, los empleados, los precios de transferencia, etc.
- La empresa debe abstenerse de sobornar o de ofrecer contribuciones dudosas a partidos u organizaciones políticas y debe igualmente abstenerse de participar en actividades políticas del país.
- En cuanto al trato desigual entre nacionales y extranjeros procedentes de la casa matriz, la empresa se debe abstener de realizar cualquier tipo de discriminación por razón de nacionalidad y debe comprometerse a contratar tanto directivos como cargos medios y mano de obra local.
- Igualmente, la empresa debe tener en consideración los objetivos de desarrollo del país especialmente en temas relacionados con la balanza de pagos y las políticas de crédito y evitar hacer excesivas importaciones en épocas de déficit en balanza comercial; también debe tener en cuenta la situación económica del país a la hora de realizar la repatriación de capitales.
- Un aspecto más complicado es el de la obligación de la multinacional de atender correctamente a sus obligaciones fiscales, ya que una práctica muy común y difícil de controlar es la de reducir beneficios mediante transferencia de precios y, de esta manera, localizar los beneficios en la matriz que suele situarse en un paraíso fiscal y así conseguir pagar menos impuestos. Esto repercute muy negativamente, sobre todo en los países en desarrollo.
- Por último, la empresa debe contribuir a desarrollar la ciencia y tecnología e invertir en I+D y difundirla y ponerla al servicio de la población. También debe utilizar los derechos de propiedad y las patentes de forma razonable y de acuerdo con el beneficio de las poblaciones.

BIBLIOGRAFÍA

Adams, Mark y Bradbury, Mark, *Conflict and Development: Organisational Adaptation in Conflict Situations*, Oxfam working paper 1995.

Almansa, Fernando, *La Cooperación en África subsahariana: ¿cuál es el rol de las ONGD?*, II Conferencia Sur-Norte. África ante el nuevo milenio. El reto de la cooperación, INTERMÓN OXFAM, Barcelona, 2000.

Annan, Kofi, *The causes of conflict and the promotion of durable peace and sustainable development in África.*

ATCSA, *Waiting on empty promises*, marzo 2000.

Brahimi, *Informe del Grupo sobre las operaciones de paz de las Naciones Unidas*, Naciones Unidas.

Burgos Martines, Bartolomé, *Una guerra endémica, Sudán*, Cuadernos CIDAF, sept.-octubre 1999, vol. XIII. nº 5.

Cairns, Edmund, *A Safer Future: reducing the human cost of war*, 1997.

Cátedra Unesco sobre Paz y Derechos Humanos de la Universitat Autònoma de Barcelona (UAB), *Informe 2001: Criterios para autorizar o denegar las exportaciones de armamento*, enero 2001.

Centro de la investigación para la Paz/Fundación Hogar del Empleado, *Bases de reconstrucción postbélica,* Informe del observatorio de conflictos, Nº 11, 1999.

Christian Aid, *The Scorched earth- oil and war in Sudan*, marzo 2001.

Coalición para acabar con la utilización de los niños soldados, Material de la campaña *Stop Using Child Solders.*

Comisión Europea, *Communication from the Commission on Cconflict Prevention*, Bruselas, 2001.

European Platform for Conflict Prevention and Transformation, *Conflict Prevention Newsletter*, Volumen 4/ número 1, marzo 2001-04-27.

El Bushra, Judy y Piza López, Eugenia, *Development in conflict: the gender dimension*, Report of a workshop held in Thailand, febrero 1993, Oxfam Discussion Paper 3.

Fisas, Vicenç, *Cultura de paz y gestión de conflictos*, Icaria y Unesco, Barcelona, 1998.

Global Witness, *A Crude Awakening: The role of the oil and banking industries in Angola´s Civil War and the Plunder of States Assets*, 2000.

Global Witness, *A Rough Trade: the role of companies and governments in angolan conflict*, 1998.

Global Witness, *Conflict Diamonds: Posibilities for identification, certification and control of de diamonds*, junio 2000.

Global Witness, *The role of the Liberia´s logging industry on national and regional insecurity*, enero 2001.

Greenpeace España, *La madera de la guerra*, marzo 2001.

Hens, Marian, *Sudán, la guerra olvidada*, CIP, informe número 7, 1997.

HRD, *Strategic Plan for Transparency in African diamond Trade*, mayo 2000, Foro Técnico de Kimberley.

Human Rigths Watch, *Angola Unravels. The rise and fall of Lusaka peace process*, 1999.

Human Rights Watch, *The International Monetary Fund's Staff Monitoring Program for Angola: The Human Rights Implications*, junio 2000.

IANSA, *La cuestión de las armas pequeñas: recomendaciones para la Conferencia de la ONU de 2001 sobre el Comercio Ilícito de Armas Pequeñas y Armas Ligeras en todos sus aspectos*, marzo 2001.

INTERMÓN OXFAM, Médicos del mundo, Medicus Mundi y Médicos Sin Fronteras, *Angola, un conflicto olvidado*, documento de posición, noviembre 2000.

Material de la campaña *Adiós a las armas*, Amnistía Internacional, Greenpeace, INTERMÓN OXFAM, Médicos Sin Fronteras.

ONU, *Report of the panel of experts appointed pursuant to UN Security Council resolution 1306 (2000), paragraph 19 in relation with Sierra Leona*, Diciembre 2000.

ONU, *Resolution 1306 (2000), paragraph 19, in relation to Sierra Leona*, diciembre 2000.

ONU, *Final report of the Monitoring Mecahanism on Angola sanctions*, diciembre 2000.

ONU Report on violations onf Security Council sanctions against UNITA, Informe Fowler, 10 de marzo 2000.

ONU, Resoluciones 1176 (1998) y 1306 (2000) del Consejo de Seguridad de la ONU y resolución A/55/L52 aprobada por la Asamblea General de Las Naciones Unidas.

OXFAM Internacional, *An end to forgotten emergencies*, noviembre 2000.

Partnership África Canada (PAC), *The Heart of the Matter: Sierra Leona, Diamonds & Human Security*, enero 2000.

Resumen de la publicación Ministerial sueca Ds 1999:24, *La prevención de conflictos armados, un programa sueco de acción*, Estocolmo, 1999.

Saéz, Pedro, *Las claves de los conflictos*, Centro de Investigación para la Paz (CIP) de la Fundación Hogar del Empleado, Madrid, 1997.

Saéz Pedro, *Conflictos y guerras de fin de siglo*, publicado en Revista de Pastoral Juvenil, nº 349, octubre 1997.

Saferworld y International Alrt, *Preventing violent conflict: Poortunities for the Swedish and Belgium Presidencies of the european Union in 2001*, 2000.

Direcciones útiles de Internet

Global Witness:
www.one world.org/global witness

Human Rights Watch:
www.hr.org.

Intermón Oxfam/países en emergencia y en conflicto:
www.intermon.org/estudios

Campaña Fatal Transactions:
www.niza.nl/uk/campaigns/diamonds/index.html

Diamond Trade Network:
www.diamonds.net

Naciones Unidas / Resoluciones Consejo de Seguridad:
www.un.org/documents/scres.htm

Cátedra UNESCO:
www.pangea.org/unescopau/

Coalición para acabar con el uso de los niños soldados:
www.child-soldiers.org

Protocolo Facultativo a la Convención de los Derechos del Niño (niños soldado):
http://www.unhchr.ch/spanish/html/menu2/6/protocolchild_sp.htm

CIP (Centro de Investigación para la Paz):
www.fuhem.es/CIP.htm

Departamento Asuntos Humanitarios (ONU):
http://www.reliefweb.int

SIPRI:
www.sipri.se

Uppsala University:
strix.udac.uu.se/insts (pcr/freds.html